# 続・社会学者、聖書を読む

高橋由典

教文館

# まえがき

一〇年ほど前に『社会学者、聖書を読む』という本を上梓しました。この本はそれの続編にあたります。聖書の特定の箇所を取り上げ、それについての私なりの読解を示す。そのようにして書かれたものを集めて本とする。前作同様、本書もそういう仕方でつくられています。

私は社会学の研究者なので、『社会学者、聖書を読む』とか『続・社会学者、聖書を読む』とかの書名にしているわけで、この書名は本の内容をそのまま表しています。ただ「社会学者」と「聖書を読む」の組み合わせを見て、ああそうですか、なるほど、とすんなり納得する人はあまりいないと思います。「なぜ」とか「?」がふつうの反応ではないか。もちろん社会学者が聖書を読むこと自体に奇異なところは何もありません。化学者やコンビニの店長さんが聖書を読んでもおかしくないのと同じです。ですが、読むだけでなく本を出したり、その本に自分の職業名を入れた書名をつけたりすると、読む側は説明がほしくなる。「コンビニ店長、聖書を読む」という書名を見た人は、「なぜコンビニ店長さんがわざわざ聖書を読んで本を出すのか」と思うにちがいありません。「社会学者、聖書を読む」の場合もそれと同じです。

そのような次第なので、このまえがきでは、「なぜ社会学者がわざわざ聖書を読んで本を出すのか」という問いに答えてみたいと思います。そのことを通してこの本で私がしようとしていることを示してみたい。

「なぜ社会学者が」という問いに答えるためには、こうした疑問とは無縁の人、つまり同じような状況下で「なぜあなたが」と問われる可能性のない人との対比を考えるのがわかりやすいと思います。聖書について文章を書いたり、本を出したりすることを周囲から期待され、実際にもそのようにしている人、具体的にいえば、聖書学者や（プロテスタント・キリスト教でいえば）牧師あるいは伝道者といった人たちとの対比です。彼らがしていることと、この本がしようとしていることはどこがちがうのか。「なぜ社会学者が」という疑問の背後には、「聖書学者や牧師なら当然だけど」という暗黙の前提があります。なので、彼らのしていることとこの本のちがいがあらわになれば、自ずとこの本の意義も見えてくるのではないかと思います。

まずは同じ学者ということで、聖書学者との対比をしてみます。牧師との対比についてのは後でふれます。社会学者も、聖書学者と同じように「学者」ではありますが、こと聖書となると、社会学者の非専門性が際立ちます。もちろん、社会学者が聖書を歴史社会学的研究の素材として扱うということもありえます。その場合は、社会学者も専門家といってかまわない。ですが、この本はその種の書物ではありません。ただ単に聖書を読むという本であって、社会学的分析を行う本ではありません。私はこの本ではあくまで非専門家としてつまり素人として聖書を読もうとしています。素人があまり先入見をまじえずに聖書を読んでみる。その集積がこの本です。

聖書を聖書学の専門家が読む場合と、素人が読む場合との際立ったちがいは何か。専門家は聖書のテキストをできるだけ客観的にながめます。聖書の磁力に抗して聖書の外側に立ち続けるわけです。そしてその場所から論理と研究の蓄積を武器に分析を行う。他方素人の場合、磁力に抗したりはしません。否むしろ喜んで磁力に身を預けてしまう。聖書に巻き込まれて、そこから直接に力や喜びを与えられたいからです。テキストの外側にいたのでは、このようなことは決して起こらない。身を任せてはじめてプレゼントが向こうからやって来ることになる。身を任せるとは、別の言葉で言えば、聖書のテキストを味わうということです。テキストの外側に立たずにその世界に入ってしまう。そしてそこでその世界の果実を存分に味わう。

いまの話でわかるように、専門家と素人のちがいは何よりも立ち位置のちがいですが、同時にめざすものというか結果と想定されているもののちがいでもあります。専門家はあくまで客観的に外側から聖書に接し、クリアな認識に届けば届くほど成功ということになります。これに対し素人の方は素直に聖書のテキストの中に入る。外側には立たない。そしてその経験が自身に力や喜びをもたらせばもたらすほどOKというわけです。

この本が示そうとするのは、このような意味での素人ふうの読み方です。当事者として読むといってもよいかもしれません。カギとなるのは力と喜びです。力と喜びはこの読み方固有の結果として想定されているものですが、実のところ漫然と聖書に接していてもなかなか湧いてこない。解説書や註解書の類に教えられながら聖書を読めば、たしかに本文の意味するところを理解することはできます。キリスト教の教えや道徳を学ぶことも可能です。しかしそこから先にはなかなか行けない。こちらの身体が温まるような経験、生きる力が出てくるような経験にはなかなか出会えない。力と喜びの当事者になるのは、聖書を「理解」したり「学ぶ」だけでは十分ではないようなのです。ではそれらはいったいどこにあるのか。どうしたら、力と喜びは湧いてくるのか。

むろんこの種の問題にマニュアルめいたものはありません。これをしたら必ず力と喜びが得られるなどという仕儀にはなっていない。ただ結果の観点から、つまり力を与えられた時点から振り返って、何が条件となっているのかを語ることはできるかもしれません。私自身の経験でいえば、聖書によって力が与えられるときには、必ずその前に聖書のテキストが新たな意味をもって立ち上がってくるということがある。力と喜びが湧くという事態には必ず聖書を新たに読むという経験が伴っているようなのです。

「新たな意味をもって立ち上がってくる」とか「新たに読む」とかは、読む側のそうしようという意図の結果として実現されるものではありません。「力と喜び」狙いで新しさを求めて聖書を読んでも、なかなか思いどおりにはならない。意図は果実をもたらさない。それらはあくまで、「偶々そうなる」というかたちで実現するものだからです。少なくとも読む側にはそのように自覚される。そうなるかならないかは、読む側の制御を超えた事柄です。マニュアルがないと先に書いたのはこのためです。

この本に収められた各篇は、すべてその時々に示された「新たな意味」に動かされて書いたものです。私自身が聖書を読んでいて、聖書のテキストが「新たな意味をもって立ち上がってくる」ということを経験した。このようにして姿を現した「新たな意味」をだれにでもわかる言葉で語ることはできないか。こうした関心がこの本を貫いています。「だれにでもわかる言葉で」と思うのは、この「新たな意味」に普遍性があると信じるからです。私個人の経験に端を発していますが、この「新たな意味」そのものはあらゆる人に関係する。そう信じるがゆえにできるだけわかりやすい言葉で語り、書きたいと思うわけです。

聖書学者との対比を念頭に置いて、この本がしようとしていることを語ってきました。聖書の中に入るとか、新たな意味と出会うとか、力と喜びがポイントであるとかのことが、この本の特徴として語られたわけです。しかしすぐわかるように、それらのことは、聖書学者とは異なった意味の専門家すなわち（たとえば）牧師が、あたりまえのように行っている読み方であるようにも思えます。牧師は聖書を当事者として読むことのプロであるといってよい。この専門家がしていること、あるいはこの専門家への役割期待と、この本のしようとしていることとのちがいは何か。これを明らかにすること、すなわち社会学者と牧師の対比が次の課題です。

この本は聖書を当事者として読もうとしているわけですが、いま述べたように、このスタンスはすでに牧師によって先取りされています。そしていうまでもなく先方はプロ、こちらはここでも素人です。なぜ素人が屋上屋を架すようなことをするのか。当然こうした疑問が浮かんできます。もちろん私は、自分のすることが屋上屋を架すことだとは思っていません。素人である社会学者が、当事者として聖書を読むことには、固有の意味がある。そのように考えています。以下このことを説明します。

聖書を当事者として読むこと、それがいまの問題です。そのことに関する専門家（牧師）と素人の区別を語るために、次のような図を思い浮かべてみます。日本の社会全体を示す大きな円があり、その中にキリスト教の信徒から成る部分社会を示す小さな円がある。専門家はこの小さな円を主たる活動領域としています。この小さな円に属する非専門家（素人）の方は、当然のことながら、この小さな円の外つまり一般社会で生計を立てています。そのような人間の一人である社会学者が、聖書を読んで文を書き、本をつくろうと思い立つ。それがいまここで想定している状況です。専門家の方は、聖書を当事者として読むのに必要な専門知識に通じていますし、そのための専門的な訓練も受けている。素人である社会学者にはそのような資源が相対的に乏しい。ただ社会学者には専門家にはない利点が一つだけあります。そしてその利点がここでは決定的に重要な意味をもちます。

社会学者の利点とはひと言でいえば、問いを立てる力です。社会学者は小さな円の外で、社会や人間を研究するためにさまざまな対象を取り上げ、さまざまな問いを立てます。それが社会学者の仕事です。どのような問いを立てるかが決定的に重要で、よい問いを立てられなければ、有意味な認識には決してたどり着かない。あらかじめ問題があるわけではない。問題が見えてきて初めて認識への歩みが始まります。それゆえ社会学者として活動するということは、有意味な問いを立てるための徹底した訓練を受けることと等しい。

その社会学者が一般社会から小さな円に戻り、聖書を読むとき、当然のことながら、よい問いとは何かにこだわり続ける。慣習に従って聖書を読むのではなく、個人として真面目に聖書を読もうとすれば、どうしてもそうなってしまう。聖書は何といっても古代の文書ですから、現代人の目から見て「なぜ」と突っ込みたくなるところがたくさんあります。生真面目な社会学者はこの「なぜ」を飽くことなく提示し続けます。こうした問いの立て方は、小さな円内の専門家すなわち牧師にはあまりなじみがない。世俗の学問に固有の手法だからです。なので、ときにそれは無作法なふるまいにさえ映ります。小さな円内部の約束ごとを無視するようにも見えるからです。「王様は裸だ」と言い出しかねない。そんな危惧を抱く人すらいるかもしれない。

もちろん次々に繰り出される「なぜ」のすべてがよい問いとはいえません。つまりすべての「なぜ」が「力と喜び」につながるとはいえない。ただ中には正面から検討するに値するものもあります。

この本で取り上げている問いから一つ例を挙げてみます。

「罪人を招くために来た」というよく知られたイエスの言葉があります（たとえばマタ九・一三）。ここでいう罪人とは私たち自身のことにほかならない。そのようにとらえれば、これは慰め深い言葉ということになります。招かれるに値しない私たちを招くというのですから。あるいは罪人のことを、世間から「罪人」というレッテルを張られ不当に排斥されている人、それでいて当人は自分のしていることを大いに悔いている人ととらえても同様です。この場合も不当に貶められている者が招かれることになり、慰め深い。しかし私たちが受け入れやすいこれらの想定をいったん括弧に入れ、専ら当時の文脈に即してこの発言をながめるとどうなるか。罪人あるいは「徴税人や罪人」とここで言われているのは、当時の社会規範（律法）から逸脱した人々であり、かつその逸脱を少しも反省していない人々です。聖書の記述に沿って考えるなら、そうみなさざるをえない。逸脱を傲然と行う人というわけです。その彼らを招くために来たとイエスは言っていることになります。悔い改めなどまったく無縁のならず者のために来た、と言っているに等しい。これはいったいどういうことか。なぜこのような発言がなされたのか（本書「罪人を招くために来た」）。こうした問いの立て方は、ここでいう意味で社会学者的です。「罪人とは私たち自身のことにほかならない」とか「不当に排斥されている人」が罪人だ、という想定を導入してテキストを中和したりせず、テキストにあるごつごつした感じをそのまま認めたうえで、率直に「なぜ」と問うているからです。先に「無作法」とよんだ問いの立て方です。

この本にはこうした「なぜ」が満ちています。「なぜ」を起点にして当事者として聖書を読む。これがこの本の特徴といってよいと思います。もちろん「なぜ」という問いそれ自体はゴールではありません。問いは答えられて初めて意味をもちます。ゴールは答えです。ところで「なぜ」という問いには、新たな答えの芽がすでに含まれています。「なぜ」を問うときに、「新たな意味」は予感されているといってもよい。そしてまさにそこにこそ、無作法な「なぜ」の効用がある。いま取り上げた例でいえば、「なぜ傲然と逸脱を行う人を招くのか」という問いをきっかけにして、罪人を前にしてイエスの内にあふれてきた思いへと話は広がっていきます。その内容について詳しくは本文をお読みいただければと思います。いまここで確認しておきたいのは、「思いがあふれる」という出来事がこの場面で現に起こったということです。この点がとても重要です。イエス自身の意図や意思を超えて起こったこと（出来事）が、事態を新しい局面に導いていく。こうした把握はこのテキストの「新たな意味」の開示へとつながっていきます。

これまで牧師との対比を想定して話を進めてきました。聖書学者との対比の内容と合わせ、この本のしようとしていることが多少は示されたのではないかと思います。この本では、「罪人を招くために来た」の例のように、イエスないし神において起こると想定されることが焦点となることもあれば（ほかに「小犬とパン屑」「思い起こす神」）、聖書を読む側つまり私たちにおいて新たに起こることが焦点化されることもあります（「すべての人に対してすべてのものになる」「右の手のすることを左の手に知らせてはならない」など）。ときには聖書のテキストそのものの新たな意味があらわになることもあります（「真珠を豚に投げてはならない」「非難された僕」など）。ともかくこの本においては、「なぜ」という問いが「起こること」「起きてしまうこと」への着目をもたらし、それが結局答えにつながっていく。この構造が各篇に共通しています。私の理解では、聖書を読むにあたっては、事態を意図や意思の産物としてではなく、「起こること」「起きてしまうこと」の観点からとらえることが決定的に重要です。それが質的変化をリアルにとらえることにつながる。こうした私の基本姿勢がこの本の内容にも反映されているのかもしれません。

私は社会学者として長年、意図や意思以前に起きてしまうこと（それを私は「体験選択」とよんでいます）と行為との関係に特別な関心を抱いてきました。こうした私自身の社会学研究者としての蓄積が、この本で提示される「なぜ」に特有の色合いを与えている可能性があります。それを認識上の制約と見ることもできるかもしれませんが、前段で述べたような事情を考慮すると、この制約は、聖書を読むという営みにおいては、プラスに機能するようにも思います。実際に各篇をお読みいただいて、そのことを実感していただければ幸いです。

# 目次

まえがき——3
凡例——16
小犬とパン屑　マタイによる福音書一五・二一—二八——17
罪人を招くために来た　マタイによる福音書九・九—一三——35
真珠を豚に投げてはならない　マタイによる福音書七・六——58
狼の群れに小羊を送る　ルカによる福音書一〇・一—一三——79
荒れ野への導き　ホセア書二・一六—一七——96

金持ちの男の困難　マルコによる福音書一〇・二一――115
ヨセフの涙　創世記四三・二九―三〇――133
右の手のすることを左の手に知らせてはならない　マタイによる福音書六・二―三――154
思い起こす神　出エジプト記二・二三―二四――182
非難された僕　マタイによる福音書二五・二四―二八――203
なめくじのように溶けよ　詩編五八・七―一〇――226
すべての人に対してすべてのものになる　コリントの信徒への手紙I九・一九―二三――247
あとがき――269

目次

装丁＝熊谷博人

# 凡例

一　本文中に引用される聖書翻訳は新共同訳を使用する。

二　聖書各文書の略語は新共同訳の表記に基づく。本文中に引用される文書の略語とその正式名称は、以下のとおりである。

（旧約）創＝創世記、出＝出エジプト記、レビ＝レビ記、申＝申命記、ヨシュ＝ヨシュア記、王上＝列王記上、王下＝列王記下、詩＝詩編、哀＝哀歌、ホセ＝ホセア書

（新約）マタ＝マタイによる福音書、マコ＝マルコによる福音書、ルカ＝ルカによる福音書、ヨハ＝ヨハネによる福音書、使＝使徒言行録、ロマ＝ローマの信徒への手紙、Ⅱコリ＝コリントの信徒への手紙二、ガラ＝ガラテヤの信徒への手紙、エフェ＝エフェソの信徒への手紙

# 小犬とパン屑

## マタイによる福音書一五・二一―二八

イエスはそこをたち、ティルスとシドンの地方に行かれた。すると、この地に生まれたカナンの女が出て来て、「主よ、ダビデの子よ、わたしを憐れんでください。娘が悪霊にひどく苦しめられています」と叫んだ。しかし、イエスは何もお答えにならなかった。そこで、弟子たちが近寄ってきて願った。「この女を追い払ってください。叫びながらついて来ますので」。イエスは、「わたしは、イスラエルの家の失われた羊のところにしか遣わされていない」とお答えになった。しかし、女は来て、イエスの前にひれ伏し、「主よ、どうかお助けください」と言った。イエスが、「子供たちのパンを取って小犬にやってはいけない」とお答えになると、女は言った。「主よ、ごもっともです。しかし、小犬も主人の食卓から落ちるパン屑はいただくのです」。そこで、イエスはお答えになった。「婦人よ、あなたの信仰は立派だ。あなたの願いどおりになるように」。そのとき、娘の病気はいやされた（マタイによる福音書一五・二一―二八）。

## ストーリー

福音書の中に外国人、すなわちユダヤ人共同体に所属しない人間が登場するエピソードが、いくつか記されています。ローマ帝国軍隊の百人隊長の僕が癒された話、イエスと井戸端で対話し新たな信仰に目覚めるサマリアの女のエピソード、そして有名な「善いサマリア人」のたとえ話、などです。本日取り上げるマタイによる福音書のカナンの女の話（マルコ福音書ではこの女は「ギリシア人」になっています）もその一つです。

はじめにストーリーを簡単にさらっておきましょう。

テキスト冒頭に出てくるティルス、シドンは地中海に面した町で、現在のレバノン領内にあります。つまり福音書の舞台であるパレスティナ一帯からはかなり遠く離れた異国ということになります。理由はよくわかりませんが、ともかくイエス一行はそこに出かけた。するとその土地生まれのカナンの女が現れ、イエス一行に付きまとい、悪霊につかれた娘の治癒を懇願した。カナン人とはユダヤ人定住以前にパレスティナの地に住んでいた人々です。この女の一族は祖先の土地を離れて地中海沿岸に移住していたのかもしれません。弟子たちは、大声をあげてついてくる女の対応に苦慮し、イエスに対処を求めた。イエスは最初「わたしは、イスラエルの家の失われた羊のところにしか遣わされていない」などと言って、対応を渋っていた。女がイエスのところに来て必死に懇願しても、「子供たちのパンを取って小犬にやってはいけない」などと言い、冷淡この上ない。「子供たち」とはユダヤの同胞のことであり、「小犬」とは外国人のことです。「犬」は当時外国人を意味する蔑称だったようです。このように冷たくあしらわれても、女はめげない。小犬だって食卓から落ちるパン屑は食べます、と切り返した。これはみごとな切り返しだった。このひと言でイエスの態度は変わり、治癒がなされた。

## イエスの自民族中心主義

このエピソードを読むたびに違和感というか、居心地の悪さを感じます。イエスがあからさまな外国人差別の言葉を発しているからです。外国人差別という言葉が強すぎるなら、自民族中心主義的な態度と言い換えてもよい。「イスラエルの家の失われた羊のところにしか遣わされていない」とか「子供たちのパンを取って小犬にやってはいけない」の言葉には明らかにユダヤ人最優先的なニュアンスが含まれています。部外者は来るなと言っているようなものです。カナンの女には、これらはとても威圧的な言葉として聞こえたにちがいない。

このような自民族中心主義的態度は、他の外国人エピソードには含まれていません。むしろそれらのエピソードは、民族や宗教の壁を超えていくことこそがイエスの事績の意味である、と語っているように見えます。イエスは外国人である百人隊長の「僕を癒してほしい」という願いを聞き入れ、彼の僕を癒しましたし（マタ八章など）、当時ユダヤ人から民族差別を受けていたサマリアの女と真摯に対話を重ねました（ヨハ四章）。また「善いサマリア人」のたとえ話は、強盗に殴打されたユダヤ人を介抱したのは、同胞ユダヤ人ではなく、ユダヤ人によって差別されていたサマリア人であった、という内容です（ルカ一〇章）。私たちはこうしたエピソードを通して、イエスの普遍主義的な態度に慣れ親しんでいます。だからこそ、カナンの女の話を読むと、意外な感じがし、違和感を禁じえないということなのかもしれません。

## 問い

もちろんイエスはこのエピソードの最後まで自民族中心主義的な態度を貫いたわけではありません。女があまりに必死に、なりふり構わず懇願するので、最後にはその願いを聞き入れます。そして娘は治癒されるに至ります。女の側からいえば、必死の形相で願い続けて、とうとうその願いがかなったわけです。かなえてほしいことがあるなら、神にどれほど無視されようが、冷淡に扱われようが、必死にそれを願い求め続けること、これが大事だ。そうすれば神は最後には願いを聞いてくれる。このエピソードは全体としてそのような教訓を私たちに伝えているように見えます。

福音書にはこの教訓に通じるような話が多い。「求めなさい。そうすれば、与えられる」（マタ七・七）、「その人は、友達だからということでは起きて何か与えるようなことはなくても、しつように頼めば、起きて来て必要なものは何でも与えるであろう」（ルカ一一・八）といった箇所をすぐに思いつきます。マタイは今日の箇所で「あなたの信仰は立派だ」というイエスによる述懐を記録し、「神にどれほど無視されようが、冷淡に扱われようが、必死にそれを願い求め続けること」を「信仰」という言葉でとらえています。

女の側からいえば、この話の含意は、いま述べたことに尽きると思いますが、視点をイエスの方に移すとどうでしょう。女の衷心からの懇願に動かされて、イエスは自身のユダヤ民族中心の態度から離れました。女にあれほど冷淡だったイエスが一転して、女の願いどおりに動き、女の願っていたとおりの結果がもたらされたわけです。イエスは外国人に対して「分け隔てをしない人」だったのか、それとも「分け隔てをする人」だったのか。ほんとうはどちらだったのか。ことの成り行きを見ていると、どうしてもこういう素朴な疑問が湧いてきます。「分け隔てをしない人」だったとすると、なぜ最初に外国人など歯牙にもかけないといった趣旨の発言をしたのか、という疑問が残ります。「分け隔てをする人」だとしたら、最後になって女の願いを聞き入れた理由がわからない。一時の気の迷いという可能性もなくはないでしょうが、イエスに「気の迷い」はふさわしくない。

カナンの女は「小犬」とよばれたのでした。「小犬」、そして女の発言にある「パン屑」という言葉は、ユダヤの民族から見たときのカナンの女の存在を端的に示しています。女は「分け隔て」の一方の当事者にほかなりません。ここで「分け隔て」を中心にイエスのことを語ろうとするのは、「分け隔て」の当事者である女にとって、イエスが何であったかが気になるからです。

という次第で、以下では「分け隔て」という観点からテキストを読んでみたいと思います。「イエスは分け隔てをする人かしない人か」ということが疑問の中心です。いま述べたとおりです。なお話の流れで、抽象的な表現が必要なときは、「分け隔てをする」精神態度を個別主義、「分け隔てをしない」精神態度を普遍主義とよぶ場合もあります。個別主義、普遍主義は一般的な用語ですが、ここでは専ら「分け隔て」に関連するものとしてこれらを使いたいと思います。

## 反論

問題をいま述べたように立てると、すぐさま反論が返ってきそうです。イエスが「分け隔てをする人かしない人か」は、問いとして成立しない。「分け隔てをしない」人であるに決まっているからだ。イエスはこの世にあるさまざまな「隔ての壁」を取り壊し、「二つのものを一つに」する（エフェ二・一四）。「分け隔て」と無縁であることは自明だ。たしかにこの言い分には一理あります。福音書には、この理解に呼応するかたちで「分け隔てをしない」イエスが数多く描かれているからです。個別主義的にではなく普遍主義的にふるまうイエスこそが、私たちが慣れ親しんだイエスです。先ほど外国人のエピソードについてこのことを確認しました。さらにいくつか例を挙げれば、「隣人を愛し、敵を憎め」という旧約以来の同胞愛の規定を排し、「敵を愛し、自分を迫害する者のために祈りなさい」（マタ五・四四）と語ったのもイエスでした。イエスはまた、その精神が失われ、単なる慣習と化してしまっていた安息日の決まりや手洗いの規定を軽々と超えていきました し、穢れとみなされている重い皮膚病者にふれ、その病を癒しました。

「敵を愛せよ」は、愛するのに敵も味方もないと言っているわけですから、この命令が「分け隔てをしない」ことの極致であることは自明でしょう。また共同体内の個々の規範に縛られないことも、「分け隔てをしない」ことにつながります。共同体内の規範は共同体の内と外を分ける働きをするからです。安息日を守るのはユダヤ教徒で、それを守らないのは異教徒だ、というように。さらに場合によっては、共同体内規範は共同体を分断する機能も有します。「穢れ」についての規定は、共同体内に穢れている者と穢れていない者の区別を持ち込んだのでした。イエスの癒しはこの区別を無効にする意味をもったわけです。

このように、イエスを特徴づけるのは「分け隔てをしない」ことであって、「分け隔てをする」ことではない。普遍主義であって個別主義ではない。聖書中のわずかな文言（「わたしは、イスラエルの家の失われた羊のところにしか遣わされていない」など）を取り上げ、「分け隔てをする人か否か」を問うのは、恣意的ではないか。「分け隔てをする」といった想定は、木を見て森を見ずの類なのではないか。

## イエスの社会化

以上のような反論はすべて至極もっともです。しかし、にもかかわらず、ここでは「イエスは分け隔てをする人かしない人か」という問いは保持したいと考えます。イエスが「分け隔てをする」という想定自体が無意味、というのが反論の趣旨ですが、ここでは以下に述べる理由によって、やはりこの想定には一定の合理性があると考えます。

一つは何といっても、本日取り上げた箇所で、イエス自身が自分にとってユダヤの共同体は特別だと語っているからです。同種の発言はほかの箇所にも記録されています。イエスは十二弟子を派遣する場面においても、「異邦人の道に行ってはならない。また、サマリア人の町に入ってはならない。むしろ、イスラエルの家の失われた羊のところへ行きなさい」と語りました（マタ一〇・五—六）。イエス自身の発言として記録されているもののうち、この種の発言はごくわずかですが、記録されている以上、やはり正面から受けとめるべきものと考えます。そうでないと、それこそ恣意的なテキストの読みとのそしりを受けることになるのではないか。

もう一つは社会学的とでもいうべき理由です。社会学の立場から見ると、イエスが個別主義的態度を身に付けていることは十分理にかなっているからです。イエスはユダヤの共同体に生を亨け、そこで成長し、成人しました。ユダヤの共同体において社会化されたわけです。つまりその共同体の文化を身に付けていまその場にいる。成長する過程において、その共同体に固有の価値観なども自身のものとしてきたにちがいありません。福音書には、イエスが会堂で教えたという記述が散見されますから、社会化の程度は一般の人よりも深かったのではないか。律法をはじめとする旧約聖書全般に通じ、父祖以来の伝統を自らの身体に深く刻みつけていたのではないかと思います。父祖の伝統を身体に刻みつける人は、自らが所属している民族がヤハウェによって選ばれ、愛された「宝の民」（申七・六）であることを信じる人にほかなりません。そのような人が「わたしは、イスラエルの家の失われた羊のところにしか遣わされていない」とか「子供たちのパンを取って小犬にやってはいけない」などと語るのは、ごく自然であるような気がします。

旧約聖書には、「寄留者があなたの土地に共に住んでいるなら、彼を虐げてはならない。あなたたちのもとに寄留する者をあなたたちのうちの土地に生まれた者同様に扱い、自分自身のように愛しなさい。なぜなら、あなたたちもエジプトの国においては寄留者であったからである」（レビ一九・三三―三四）という寄留者保護つまり外国人保護の規定があります。共同体内の外国人に対して無関心であることは、律法に背くことであったようです。ただ、いまのケースでは、場面そのものも異国ですし、登場する女もそこに住む外国人ということで、律法に沿うかたちで外国人への無関心を示す言葉が出てきたと考えられます。

### イエス、カナンの女の願いを聞く

自民族最優先を含意したイエスの発言は、イエスが身に付けた文化から説明できますが、ではそのイエスが、「小犬も主人の食卓から落ちるパン屑はいただく」と必死で迫った女の言葉に反応したのはなぜか。「反応」とは、具体的には、外国人の女に対する無関心の態度をやめ、彼女の訴えを聞き、助けてあげようという気になることです。つまりこれまでのスタンスを変え、「分け隔て」の考えをやめるに至ったということです。なぜこのように考えを変えるに至ったのか。これがここでの問いです。

まず「考えを変えた」ことそれ自体を確認します。

いまここで注目している場面では、イエスが身に付けてきた宗教的伝統は、「分け隔てをせよ」という指示を出します。社会化についての先の議論に従えば、それはイエス自身の内心の声でもあったことになります。ですから「子供たちのパンを取って小犬にやってはいけない」等のイエスの発言は、内心の声そのままです。考えていることと言っていることとの間に乖離がない。

女の切り返しに反応し、「あなたの願いどおりになるように」と語ったときも、イエスは本当にそのように考えてそう言ったにちがいない。先ほど「気の迷い」という言葉を出しました。「気の迷い」とは、「考えていること」は従前どおりなのに、その場の雰囲気や女の勢いに圧されて、ふと先方が喜ぶ言葉を口にしてしまう、ということです。「考えていること」と「言っていること」がずれているわけです。先に「気の迷い」はイエスにふさわしくないと述べました。それは「気の迷い」にはこうした乖離が想定されるからです。「考えていること」と「言っていること」のずれはイエスにはふさわしくない。「あなたの願いどおりになるように」と語った以上、それはイエスの内心の声でもあるはずです。つまりこれまで「子供たちのパンを取って小犬にやってはいけない」などと言いかつ思っていたイエスは、いまは「あなたの願いどおりになるように」と言いかつ思っている。「分け隔て」があたりまえだと思っていたイエスが、すっかり考えを変えてしまった。

## 何がイエスを動かしたか

問題は、この考えの変化がなぜ起きたか、でした。

考えの変化が、イエスが実際に女の姿を見ることを通して生じたという点がたいへん興味深い。イエスは書斎で思考を積み重ねて考えを変えるに至ったのではありません。そうではなく、必死で訴える女の姿を見、見ているその場で考えが変わりました。訴えを聞くうちに、新たな考えが浮かんできたわけです。女の身体がその場にあることが、無視しえぬ効力をもったといってもよいかもしれません。ここで「身体」という言葉を使うのは、彼女の身体全体が、語られる言葉以上に、これまでの彼女自身のライフヒストリーや厳しい現状を（暗黙裡に）伝えていたと想像されるからです。ともかく女の訴えに身をさらすうちに、放っておけないという気になってきた。助けてあげよう。そう思ったということだと思います。それが「あなたの願いどおりになるように」という言葉として結実しました。

いま「書斎で思考を積み重ねて」考えを変えたのではないと述べました。この点は繰り返し強調しておく必要があるかもしれません。「書斎で思考を積み重ねて」のイメージは、あれこれ考えているうちに、やはり「分け隔てはするべきではない」という結論にたどり着く、というものです。そしてその普遍主義的な結論に従って女に、「あなたの願いどおりになるように」と語る。この想定に従えば、事態は次のように推移したことになります。女が訴える→イエスはそれを聞く→その場で一人（書斎にいるかのように）沈思黙考する→熟慮の結果「分け隔てはするべきでない」と結論する→その結論に従い、女に「願いどおりになるように」と告げる。女が訴える場に自らの身を置きながら、心はそこから離れ、一人で熟考している。これが右の流れが描き出すイエスのイメージです。そして最終的に普遍主義の立場に立って意思決定を行う。ですが、この理解はまちがっているというのがここでの主張です。

イエスは一人で熟考していたのではなく、最初から最後までカナンの女の身体が置かれたその場所にいた。その場で彼女の身体全体から発せられるメッセージをまるごと受け取っていた。こうした状況下で「助けてあげよう」という気持が湧き起ってきたわけです。なぜ湧き起ってきたのかはよくわかりません。当人に聞いてもよくわからない。愛とはもともとそういうものだとしか言いようがない。「起こる」というかたちで姿を現すのです。

ともかく「助けてあげよう」という気が起こり、「願いどおりになるように」という発言がなされました。「分け隔てはすべきでない」と考える以前に、「助けてあげよう」と思い、「願いどおりになるように」と言ってしまったのです。その発言そしてそれに続く癒しは、「分け隔て」を事実上無効にしてしまいました。願いを聞き入れた相手は、当時のユダヤ民族の文化が「分け隔て」を命じてきた当の人なのですから。「分け隔てはすべきでない」と考える前に、「分け隔てをしない」ことが早々と実現してしまった。少し抽象的にいえば、個別主義のただなかに、普遍主義の精神を媒介にしないで、普遍主義が到来してしまったわけです。

### 触発されることから始まる

いま見ましたように、カナンの女のケースでは、彼女の願いを聞き入れるというイエスの意思決定は、熟慮の結果としてではなく、イエス自身のやむにやまれぬ気持からなされたのでした。そして実際に娘は癒された。このような意思決定の仕方（あるいは行為の仕方）は、先ほど少しふれた「重い皮膚病の人の癒し」（二三頁）においても見ることができます。目の前に現れた重い皮膚病の人の願いを聞いて、イエスは「深く憐れんで」その人の身体にふれたのでした（マコ一・四〇―四五ほか）。よく知られているように、「深く憐れんで」と訳されているのは、もともと「内臓が傷つく」という意味をもっていた言葉です*。相手の苦痛が自分自身に転写されるわけです。苦痛が転写されるとは、相手のことを放ってはおけないと感じることに等しい。そしてそこを起点として癒しがなされることになります。この「重い皮膚病の人の癒し」は、イエスの活動の初期に起こったことですが、最後の癒しとして記録されている「二人の盲人の癒し」（マタ二〇・二九―三四。マルコ福音書では「盲人バルティマイ」、ルカ福音書では「ある盲人」）においても、イエスの行為動機については、同様の描写になっています。イエス一行がエルサレムの町に入る直前、二人の盲人が憐れみを乞うと、イエスは「深く憐れんで」彼らの目にふれたのでした。

このように考えてくると、目の前の当事者に触発されるようにしてなされるのが、イエスの行為（ないし意思決定）の特徴の一つではないかと思えてきます。触発されて初めて何かをするわけですから、その当事者が目の前に来るまでは、イエス自身はそれをしようとはまったく思っていない。あらかじめ「癒してあげよう」とか「善い行いをしよう」とか思っているわけではないのです。そうではなく、目の前に当事者が現れ、その人のありさまがイエスの「助けてあげよう」という思いを引き出します。本日取り上げたテキストは、そのことを典型的に示していると思います。イエスは「分け隔て」を行う文化の中にいましたから、カナンの女に対しても最初は冷淡でした。彼女の願いを聞こうとはまったく思っていない。彼女の姿を目の前に見、「小犬」と「パン屑」という言葉を使った必死の訴えに耳を傾けているうちに、思いもかけぬかたちで「助けてあげよう」という気持が湧き起こってきたのでした。

## 垣根を超える

眼前の相手に触発されてなされる行為の一つの特徴は、なぜ触発されたのか、なぜそうしようと思ったのかが当人にはわからないという点です。この点については先ほどふれました。「助けてあげよう」という気になった理由は本人にはわからないのでした。もう一つの特徴は、触発されて何かする人は、後先のことを考えないという点です。行為の結果については考慮の外なのです。これをしたら誰かの逆鱗にふれるだろうとか、ルールに抵触するのではないかとかは考えませんし、自分にとってのメリットがあるとかないとかも考えない。自分の中にあふれるものに従って身体が動く。この場合、何かしようと思うことと実際に何かすることとは、ほとんど同じことです。「助けてあげよう」と思うことと「あなたの願いどおりになるように」と女に語ることの間に間隙はありません。

この第二の特徴のゆえに、なされる行為はしばしば制度のしばりを超えてしまいます。

カナンの女に示したイエスの行為は、「分け隔て」の文化の中では、異例の行為だったはずです。イエスが重い皮膚病の人の身体にふれたとき、「穢れ」と「非穢れ」という最重要の宗教的区別が無効になってしまいました。それは相当にスキャンダラスな事件であったにちがいありません。だからこそイエスは治癒された当人に口外を禁じました（マコ一・四四）。生活手段を剝奪され、物乞いしか生きる術のなかった盲人にふれることもまた、「分け隔て」の外に出る行為でした。

イエスはたしかに「分け隔て」を是とする文化を身に付けていましたが、これまでの話でおわかりのように、そうであるにもかかわらず「分け隔て」を成り立たせている諸々の垣根を超えていきました。先ほどの言葉を繰り返せば、イエスのふるまいを通して「個別主義のただなかに、普遍主義の精神を媒介にしないで、普遍主義が到来」したわけです。文化や制度のしばりを超えることは実はそう簡単なことではありません。「あたりまえ」の外に行くことはなかなかに難しい。なのになぜイエスは超えられたのか。ひと言でいえば、相手を放っておけないという気持が、文化の指示を超えてしまうほどに深かったということだと思います。放っておけないという気持に比べれば、こちらと相手を隔てる垣根などごくつまらないものにしか見えないわけです。この「放っておけない気持」は愛と言い換えることも可能です。

「イエスは分け隔てをする人かしない人か」という問いから始めたのでした。これまでの話から次のようなことがわかってきました。イエスは「分け隔て」を是とする文化を身に付けていたが、さまざまな他者とのやりとりにおいて「分け隔てをしない」という事態を実現してしまった。分け隔てをすべきでないと言葉で述べたり、そう考えたりするのではなく、事実次元でこの変化をもたらした。事実として「分け隔てをしない」ことが起きてしまった。以上のことを頭に入れて、はじめの問いに戻ります。「イエスは分け隔てをする人かしない人か」と問われたなら、「分け隔てをしない人」と答えることになるでしょうが、今日の話の内容に即してより正確に言えば、イエスは「分け隔てをしないことを実現してしまった人」ということになると思います。以上で終わります。

＊ 高橋由典「イエスの沈黙命令」『行為論的思考――体験選択と社会学』ミネルヴァ書房、二〇〇七年、一一七―一三五頁を参照。

# 罪人を招くために来た

マタイによる福音書九・九―一三

イエスはそこをたち、通りがかりに、マタイという人が収税所に座っているのを見かけて、「わたしに従いなさい」と言われた。彼は立ち上がってイエスに従った。イエスがその家で食事をしておられたときのことである。徴税人や罪人も大勢やって来て、イエスや弟子たちと同席していた。ファリサイ派の人々はこれを見て、弟子たちに、「なぜ、あなたたちの先生は徴税人や罪人と一緒に食事をするのか」と言った。イエスはこれを聞いて言われた。「医者を必要とするのは、丈夫な人ではなく病人である。『わたしが求めるのは憐れみであって、いけにえではない』とはどういう意味か、行って学びなさい。わたしが来たのは、正しい人を招くためではなく、罪人を招くためである」（マタイによる福音書九・九―一三）。

## はじめに

本日は右に掲げたマタイによる福音書の箇所を取り上げ、そこに記された「罪人を招くために来た」というイエスの言葉について考えてみたいと思います。

話を進める前にいくつかの基本情報を共有しておきたいと思います。いずれもよく知られた内容と思いますが、今日の話の前提となることですので、しばらくお付き合いください。

今日の箇所はごく短いものですが、たくさんの人間が登場します。イエスと弟子のほか、マタイをはじめとする徴税人、そして罪人、ファリサイ派が出てきます。徴税人とは、ローマ帝国の支配下にあるユダヤ領内でローマの役人に代わって通行税（関税）などの徴収にあたっていた人々です。現地採用の税吏ということになるでしょうか。本文中にある「収税所」とは、この通行税を徴収する場所だったようです。彼らはローマ所定の税率以上の税金を取るなどして自らの懐を肥やし、他方ローマ人との交流を通して「異教徒」のふるまいを身に付けたりしていたので、不浄の人とみなされ、世間一般から軽蔑されていたようです。また罪人とは、この場合、モーセ律法に従った生活をしていない人の総称と考えられます。生活のためあるいは職業上の必要から、律法を守れない人々がここでいう罪人です。聖書ではたとえば娼婦をこのカテゴリーに属する人として描いています。ほかにもさまざまな罪人がいたと考えられます。

これら罪人の対極にいたのがファリサイ派で、彼らは律法に従うことを生活の根本にしていました。律法には権威がありましたから、それをきちんと守る人には高い社会的威信が与えられます。ファリサイ派はえらい人であり、真面目な人であり、また正しい人でもあったわけです。他方罪人たちの方は、そもそも律法を守らないのですから、この威信の序列の中に入ってこない。その外にいたといってよいと思います。話にならない、どうしようもない。これが罪人でした。こういう次第で、今日のテキストの中心にいる徴税人も罪人も、世間からはまともに相手にされない人たち、この世の裏街道を歩んでいる人たちだということになります。と同時に律法を守らぬ彼らは、宗教制度上は問題外の存在でした。世間からだけでなく神からも見放されていたというわけです。

イエスは徴税人マタイに「わたしに従いなさい」と言って、ともに食事をします。マタイはイエスの弟子になったわけです。それを祝うかのようにその食事の席に大勢の徴税人や罪人がやってきます。食事をともにするということは、友好的な関係の発生を意味します。イエスは世間から白い目で見られている徴税人や罪人たちと仲よくなったわけです。が、それだけではない。なぜ彼らと一緒に食事をするのかと問われたイエスは、「医者を必要とするのは病人である」と答えます。徴税人や罪人は病人、自身は医者というわけです。病人とは、この場合、手当てが必要な人というほどの意味でしょう。彼らは宗教制度上神からも見放されており、この共同体にとどまる限り、救済から完璧に切り離されています。手当てが必要とイエスが判断したのも無理はないと思います。手当てをして神のもとに連れていく。これがイエスの考えだったと思います。この世で救いから疎外された彼らこそイエスの招きにふさわしい。イエスは「罪人を招くため」にこの世に到来したからです。

## 裏街道を歩む人を招く

いま述べたようなことが、この箇所についてのふつうの理解だろうと思います。この箇所の意味するところは明瞭であり、理解にさしたる困難はないように見えます。この理解の背後にあって大きな援軍として働いているのが、人間一般が罪のうちにあるという人間理解です。そのように想定しているがゆえに、「罪人を招くために来た」と言われると、読む側は徴税人や当時の罪人だけでなく、罪人である自分たちもまた招かれていると感じてしまう。そしてそのメッセージを大いなる福音と受けとめてしまう。こうした事情が背景にあるので、本日の箇所は、慰めに満ちた内容を伝える箇所として知られているわけです。

こうした理解自体に異論があるわけではないのですが、その一方で、いま述べた〈背後の想定〉を抜きにしてみたら、このエピソードはどんなふうに見えてくるだろうかということも気になります。「罪人であるこの私たちもまた招かれている」という読み込みを無しにしてみたら、どうなるだろうということです。このエピソードを理解するにあたって、「現代の私たち」のことを持ち込まず、純粋に当時の文脈だけに沿って考えると、何が浮かび上がって来るか。今日はそのような興味からテキストに接近してみたいと思います。なお以下で単に「徴税人」と言う場合には、一般名詞としてこの言葉を使っているとご理解ください。冒頭に掲げたテキストで登場するマタイについて語るときには、「徴税人マタイ」という言い方をしたいと思います。

徴税人や罪人というのは、この世の裏街道を歩んでいる人たちなのでした。現代でいえば、犯罪すれすれのところで阿漕《あこぎ》な商売をして日銭を稼いでいる人などをイメージしたらよいのかもしれません。実際徴税人などは相当に阿漕なことをしていたのではないかと思います。ともかくそういうイメージをもとに考えると、裏街道を歩んでいる人たちがイエスと共同の食事の席に着くというのは、かなり特異な光景であるといえそうです。イエスが（たとえて言えば）「ミナミの帝王」のような人たちをあえて選んで一緒に食事をしたと聞いて、「よかった」「すばらしい」という人はあまりいないのではないかと思います。「ああそうですか」と無表情に受けとめる人がいることも想像しにくい。大方は訝しい思いでながめるのではないか。

福音書に登場する裏街道を歩んでいる人たちは、自らの稼業を反省したり、それに虚しさを感じたりはしていない。少なくともそのようには描かれていない。いわば無反省のままです。そしてそのままの状態で食事をともにしています。「マタイという人が収税所に座っている」という記述から、徴税人マタイがそこで物思いにふけっていたとみなし、彼の心中には埋められない空虚があったとする解釈もあるようですが、やや無理があります。テキストには反省や心中の虚しさは何も描かれていません。裏街道の人物たちでも、反省や悔い改めがあるなら、共同の食事にふさわしいと思いますが、そう書かれてはいません。だからこそ〈背後の想定〉抜きに読めば、訝しさを覚えるわけです。

このように、裏街道を歩む人がイエスと共同の食事をすることは、それ自体十分に不思議なことです。この不思議さへの驚きから出発したい。どうしてこのようなことが実現したのだろうか。事態を少し詳しく見ることによってこの問いに答えてみようと思います。そしてそのことを通して、「罪人を招くために来た」という言葉の新たな含意を考えてみたい。

## イエスは徴税人をどう見ていたか

共同の食事が実現する条件を考えようとするとき、まず気になるのは、そもそもイエスは徴税人や罪人をどう見ていたのかということです。イエスは何の関心もなく、物体を見るように彼らを見ていたわけではありません。そうではなく一定の価値評価をしていたはずです。彼らを一定の仕方でながめていた。そしてそのことを前提にして、この後に続くすべてのことが起こってきます。ですので、イエスが彼らをどう見ていたかをはっきりさせることは、今日の箇所を考えるうえで重要です。

彼らはたしかに阿漕なことをしている律法違反者だけれども、イエスは既成の道徳的・宗教的評価にとらわれなかった。要らぬ予断をもつことなく、それぞれの人を一個の人間と見ていた。そのように考えることもできます。だからこそすぐに彼らと友好的な関係を結べた。その一方で、イエスもまた世間と同様、律法を守らず阿漕なことをする人々を胡散臭い人々と見ていた可能性もあります。神としてのイエスということに力点を置くなら、当然前者の見方になります。イエスは共同体の中に身を置いているけれども、共同体を超越しているからこそイエスなのだ。そのイエスが「世間に倣って」彼らを胡散臭く思うなどということはありえない。他方、人としてのイエスという点にウェイトを置くなら、後者の見方（胡散臭いと見る見方）に傾くことになります。

二つの見方の分かれ目は、イエスがどの程度共同体（世間）の価値・規範を身に付けていたか、つまりイエスの社会化の程度についての判断にあります。イエスが神であるという点を強調するなら、社会化の度合いといったことは問題にならない。神である以上、社会的拘束の内にいるはずがない。他方、人であることを強調するなら、社会化は自明の前提ということになります。

イエスの社会化の度合いを正確に見極めることはとても難しい。よくはわからないというのがほんとうのところです。情報がほとんどないからです。ここでは、福音書におけるいくつかの記述、および社会学や人類学などでの社会化についての常識的理解をもとに、イエスは当時の社会規範である律法を十分に身に付けていた、つまりそれらに拘束されていたと考えておきたいと思います。福音書の記述とここでいうのは、イエスが「（ユダヤ教の）会堂で教えていた」という度重なる描写や、異郷の女に語った「わたしは、イスラエルの家の失われた羊のところにしか遣わされていない」（マタ一五・二四）といった発言などです。これらから、イエスが当時の律法中心の社会規範を血肉化していたと想定することは無理がないと思います。

そうである以上、イエスが裏街道を行く人々を見て胡散臭く思い、眉を顰めていたというのも十分ありうることと思います。ところが眉を顰めていたそのイエスと徴税人、罪人の間に、どういうわけか共同の食事が実現した。不思議なことが起きた。この不思議さについては先ほどもふれました。彼らに対するイエスの見方を考察した今となっては、その不思議さがより際立ちます。何か想定外のことが起きたにちがいない。その何かを探ることがここでの課題です。

## 反論

共同の食事の実現にあたって何かが起きた。何かイレギュラーなことが起きたといま述べました。これに対し以下のような反論が聞こえてきそうです。そんなふうに考える必要はまったくない。イエスは食事をともにするという自らの行動についてきちんと説明しているではないか。これで十分ではないか。なぜイレギュラーなことが起きたなどと言い出すのか。

たしかにイエスは自身の行動を説明しています。「なぜ彼らと一緒に食事をするのか」という弟子たちに投げかけられたファリサイ派の質問を引き取って、はっきりと語っています。病人には医者が必要、罪人を招くことこそが私の使命、そしてそのことは「わたしが求めるのは憐れみ」（ホセ六・六から引用）という旧約以来の伝統に合致している。この説明を素直にとると、イエス自身は日頃から罪人を招くことを自らの使命と考えていて、その考えに沿っていま食事をともにしたということになります。「罪人を招くべき」という考えがまずあって、それを実行に移して食事をともにすることになった。かねてから考えていたことをここで実行しよう。そうした意図に即したふるまいというわけです。

イエスの発言をこのように受けとるなら、何かが起きたなどと考える必要はまったくないように思えます。世間にどう思われようと、イエスは「罪人を招くべき」と強く確信していたのであり、その考えに沿って徴税人・罪人を招いた。ただそれだけである。何かが起きたなどと考えなくてもよい。

ただ私はこうしたとらえ方には簡単には同調できない気がします。

その理由の一つは、この把握はイエスの超越性に力点を置きすぎているように見えるからです。先ほど、イエスが神である点を強調すると、社会化は問題にならないと述べました。イエスが神なら、当時の社会通念、社会道徳に縛られるはずがないというわけです。社会化と無縁である以上、罪人とされている人々を世間と同じように白い目で見るはずがない。むしろ、罪人とされている人々をその縄目から解放するのが私の使命だ、だからそれをここで実行する、と考えたにちがいない。これがその立場からの推論ということになると思います。ただイエスが人としてこの世に生を享けた以上、社会化の影響をまったく免れているとみなすことは、やや空想的な気がします。イエスの超越性は、「人としてこの世に生を享けた」という条件の下で徐々にあらわになってくるのではないかと思います。

## 出来事としての行為

同調できないもう一つの理由は、こうした把握がイエスのふるまいの特徴をうまくとらえていないと思うからです。

この把握によれば、イエスは「罪人を招くべき」という考えをあらかじめ抱き、それを実行に移したのでした。考えがまずあり、行為はその現実化にほかならない。イエスは自らのイデオロギーに忠実に、冷静にかつ合理的にふるまっている。ところが福音書に登場するイエスの実際の印象はこれとはかなりちがう。福音書に描かれるイエスは、「すべき」とか「あるべき」とかの判断に基づいて冷静に合理的にふるまうというよりは、目の前の相手の事情に反応して思わず何かしてしまう。いつもそうだというわけではありませんが、そのように描かれるイエスが読む側にとても強い印象を残します。

＊

重い皮膚病の人を見て「深く憐れんで」癒したり（マコ一・四一）、「あなたの信仰があなたを救った」と述べて盲人の癒しを行ったりする（同一〇・五二）のが、その例です。イエスはこのようなとき、最初から特定の人（たとえば「重い皮膚病の人」）に目をつけていて、「癒し」の意図をもってその人に近づくわけではありません。やる気満々で近づいていくわけではないのです。そうではなく、まずイエスの前に訴え出る人がいて、イエスがその訴え出た人の姿を見たとたん心が動いてしまい、その気持の動きに従って癒しがなされるのです。

つまりイエスによる癒しは、明確な意図をもって進められる行為というよりは、一種の出来事なのです。少なくともはじまりに、意図とは無関係にその人に出来《しゅったい》する事象（「深く憐れむ」「相手の信仰に心が動く」）つまり出来事があり、そこから行為が生まれてくる。この出来事抜きに、単に「癒すべき」という考えから癒しがなされるのではない。癒しはイエスのなす行為の典型ですから、この出来事性というべき事態をイエスのふるまい一般の特徴とみなすことも許されるでしょう。

となるとこの特徴が、今日ここで注目している「罪人を招く」という場面にもあてはまると考えるのが自然です。「罪人を招くべき」と考え、そのあるべき事態を実現すべく意を決して「食事をともにする」という行為がなされたのではなく、思いがけずそこで何かが起き、その帰結として「食事をともにする」が実現した。最初からそうしようと思っていたわけではなく、事態の推移に伴って思いがあふれ、そうなってしまった。これがことの真相ではないか。

以上述べてきた二つの理由から、やはりここでは、共同の食事にあたっては、何か想定外のことが起きたのだと考えておきたいと思います。イエスはたしかに「罪人を招くため」と語っていますが、一般に事後的に語られる言葉は、必ずしもつねにその人をほんとうに動かしたもの（つまり行為の真の動機）にふれるわけではありません。** それは動機の表明というよりは、むしろこの行為（食事をともにする）の意味というべきものについての発言と理解しておきたいと思います。

## 深く憐れむ

さて、では何が起きたのか。収税所に座っていた徴税人を見たイエスの中に何が生じたのか。

まずは重い皮膚病の人に対して起きたことを参照しながら、このことを考えていきたいと思います。重い皮膚病は当時のユダヤ社会において最高度の穢れと位置づけられていました（山我哲雄「レビ記解説」『旧約聖書Ⅱ　出エジプト記・レビ記』岩波書店、二〇〇〇年、四四九頁）。イエスが社会化されていたとする先の議論があたっているとすると、イエスもまたその宗教的定義を受け入れていたと考えざるをえません。しかしそうであるにもかかわらず、「深く憐れむ」ということが起きてしまったのでした。これはイエスにとっても予想外のことだったかもしれません。穢れと定義された人々がどれほど悲惨な状況にいようと、定義する側つまり当の社会の一般住人たちは、その悲惨な人々に対し一片の共感をもたないと想定されます。それこそが社会化の効果です。彼らは穢れているのですから、共感のもちようがありません。なのに、なぜイエスにおいて「深く憐れむ」ということが起きたのか。

事態を社会の側から語るとこの辺りの事情がよく見えてくるかもしれません。イエスの「深く憐れむ」を社会の側に焦点を合わせて語ると次のようになります。イエスの「憐れみ」はもともと穢れている人と穢れていない人の区別とは無縁だった。社会はそれを宗教制度の力によって、穢れた人には及ばぬよう教化してきた。社会化のプロセスに乗ったイエスも、表面上はその制度になじんでいた。ところが実際に重い皮膚病の人が現れ、イエスにその悲惨、その苦痛を訴えると、イエスの「憐れみ」はその人に向かった。穢れた人と穢れていない人との区別を知らぬ「憐れみ」は、穢れた人の悲惨に出会うことによって、その本来のあり方が解発《リリース》され、最も悲惨な人に向かったのだ。このようにして「憐れみ」は宗教制度の決まりを超えてしまった。

ともかくこのようにして、重い皮膚病のケースにおいて、イエスは当該社会の拘束の内にいながら、それを超えてしまったわけです。この世に生を享けながら、この世を超えたといってもよいと思います。

## 自業自得

徴税人、罪人との共同の食事の話に戻ります。彼らと食事をともにするというのは、重い皮膚病の人を深く憐れんで癒すのと同様、かなりスキャンダラスな出来事であったにちがいありません。「なぜこんなことをするのか」と問うファリサイ派の神経質な反応は、そのことを暗示しています。先ほどイエスが徴税人たちを見て眉を顰めていたと語りました。つまりイエスは当時の社会の一般構成員と同じように反応していたわけです。社会的拘束の内にいた。しかしそうでありながら、食事をともにするという行為によって、その拘束を超えてしまった。重い皮膚病の人のケースと同じです。ならばその中身、そのメカニズムの方はどうであったか。

重い皮膚病のケースでは、当事者の苦痛の大きさがイエスの心を動かしたのでした。しかし徴税人や罪人が、重い皮膚病の人と同じ理由でイエスの心を動かすとは考えにくい。重い皮膚病の人とはちがって、徴税人や罪人の場合、いまの境遇は彼らが自ら招いたものだからです。両者（重い皮膚病の人と、徴税人・罪人）は明らかに異なった条件下にいます。たしかに徴税人たちも共同体からは排除といってよいほどの扱いを受けています。その点では重い皮膚病の人と同じかもしれない。しかしそれは彼らの職業選択の結果ですし、自らの悪行（徴税人の場合）のせいです。だれのせいでもなくいわば自業自得です。彼らが経験している状況がいかに苛酷であったとしても、それをもたらしたのが彼ら自身の選択であったとすれば、その状況をイエスが「深く憐れむ」ことは起こりそうにない。

## 境遇のゆえ

このように、徴税人や罪人たちの苦境が自業自得である限り、重い皮膚病の人のときと同じように考えることはできそうにありません。

ただ彼らのように裏街道を歩む人の中には、自分のせいというよりは、置かれた境遇のゆえにそうなってしまった人もいるかもしれません。親や連れ合いなどの家族の事情、あるいは当時のさまざまな社会的偏見のゆえに、他の選択肢をすべて奪われ、やむを得ず裏街道に入ったといったケースです。そのような人に注目すると、話はまったくちがってきます。イエスの時代にこのようなケースが実際どのくらいあったかはわかりませんし、その意味で現実的というよりはいくぶん観念的な想定ということになりますが、考えておく意味はあると思います。このようなケースでは、裏街道の人物たちはいわば被害者ですから、「深く憐れむ」という心の動きがイエスの内に生じたとしても、少しもおかしくない。重い皮膚病の人とイエスの間に生じた関係がここでも生じる可能性があります。

ただこの話が成り立つためには一つ条件があります。罪人とされる人のすべてが、いま述べたような意味で被害者である必要があるのです。しかし、イエスが「罪人を招くために来た」と語るとき、「被害者である限りの罪人」といった、罪人に関する限定は付されていない。どのような罪人であれ、罪人ならだれでも招かれている。これがイエスの発言の趣旨です。

ではほんとうに罪人はすべて被害者であったか。ここでは徴税人も広義の罪人に加えてよいと思いますが、彼らを被害者と括ることは、なかなか難しいと思います。最初に述べたように、彼らは境遇の結果というより、自らの意思で支配者の下働きをしていると言ってよいからです。つまり徴税人を含む範囲で罪人を考えようとすると、「置かれた境遇ゆえの苦境」という物語は成り立たなくなります。

重い皮膚病のケースを念頭において、徴税人を見たイエスに何が起きたかを考えようとしましたが、徴税人や罪人を自業自得と考えればすぐ暗礁に乗り上げますし、「置かれた境遇ゆえの苦境」というストーリーは罪人の全体をカバーしないということもわかりました。つまり重い皮膚病の人のときに生じた、「深く憐れむ」という事態は、今日のケースでは生じにくいということです。重い皮膚病のケースは有効な参照点とはならない。共同の食事に際して生じた想定外のことについては、独自に考えなくてはならないようです。

「何をしているのかわからない」

ルカによる福音書（口語訳）に「彼らは何をしているのか、わからずにいる」という言葉があります。イエスが十字架につけられるとき、それを執行しようとする側に対して発した言葉です。この言葉をその文脈から切り離し、それ自体として考えてみると、本日の問題を解くにあたって示唆的な内容が含まれているように思います。この言葉を含む一節を以下に掲げておきます。「そのとき、イエスは言われた、『父よ、彼らをおゆるしください。彼らは何をしているのか、わからずにいるのです』」（二三・三四、口語訳）。この句は重要な諸写本には記されていないとのことで（田川建三訳著『新約聖書　訳と註　第二巻上』作品社、二〇一一年、四八六頁）、新共同訳では、〔　〕の中に入れられています。主要な写本においては、この句がイエスに帰属するという理解はなかったということです。そのことを了解したうえで、ここではこの言葉によって表示されているアイディアにこだわりたい。

行為の当事者が自らの行為の真の意味を知らない。「彼らは何をしているのか、わからずにいる」とはそういうことです。行為者が主観的に思っていること（主観的現実）と実際に起きていること（客観的現実）とが大きく乖離するとき、客観的現実の側にいる人は、その人のことを「何をしているのか、わからずにいる」と表現するわけです。通常はこの二つの現実の間に齟齬はありません。そうでなければ日常生活は困難です。両者がはっきり乖離するのは、たとえば行為の当事者が何かに取りつかれてしまったようになるときです。何かとは、何であっても構いません。恋愛とか宗教などはその「何か」の身近な例です。その人自身が何かに乗っ取られ、これまでのその人でなくなってしまったように見えるとき、二つの現実の乖離が極大化します。少なくとも客観的現実の側にいる人にはそう思えます。何か外的な力に動かされ、その人がその人でなくなるという感じです。

## イエスに起きたこと

イエスの目には、たとえば徴税人はこのように映ったのではないかと思います。彼らは阿漕なことを繰り返し、世間の不興を買っています。しかし世間と彼らの間に二つの現実（つまり主観的現実と客観的現実）の乖離はなさそうです。両者は非友好的ではありますが、それなりのやりとりはできています。いまここで問題にしているのは、世間と彼らの関係ではなく、イエスと彼らの関係です。イエスの目から見ると、彼らは何か自分ならぬ力に取りつかれ、本来の自分を失っているようにしか思えない。この観点はイエスのものであり、世間のものではありません。世間は彼らを卑しむべき人々と見ているだけです。

イエスはこのとき、徴税人を含む社会全体を俯瞰する位置に立っているように思えます。

社会の外に立っているといってもよい。その場所から徴税人を見て、何かに取りつかれて、本来の自分を失っている人に見えたということだろうと思います。徴税人の場合、「何か」とは金銭に対する欲望かもしれません。彼自身はまったくそう思っていないでしょうが、イエスの目にははっきりと、「何をしているのか、わからずにいる」人物に映っている。徴税人は何かに取りつかれている状態に自分がいることに気づいていない。したがってその憑依状態から脱出することなど考えたこともない。ケージの中のハムスターのように、回し車を回すことに躍起になっている。そのように徴税人を見るとき、イエスの中に「憐れみ」といってよい思いが生じたとしても不思議はないと思います。先ほど来問題にしている、イエスの中に生じた想定外の出来事とは、まさにこのことです。イエスはもともと徴税人たちを見て眉を顰めていたわけですから、このようなことが起ころうとは夢想だにしていなかったにちがいない。ですが、その夢想だにしていなかったことが実際に起きてしまったわけです。

この出来事は、重い皮膚病の人に関してイエスの中で起こったこととまったくパラレルです。徴税人を見て眉を顰めていたイエスは、社会的拘束のうちにいるわけですが、その社会的拘束を無視するように、憐れみが生じてきます。重い皮膚病のケースと同じように、社会的拘束のうちにいながら、その拘束の外に立つことになったわけです。

イエスは収税所に座っていた徴税人マタイに「わたしに従いなさい」と言ったのでした。これはいま述べた意味での憐れみから出た言葉と解することができます。その言葉に誘い出されるように、マタイはイエスの弟子になったのでした。徴税人マタイはイエスの憐れみ、そしてその憐れみから発せられる言葉との出会いによって、回し車から降りることができた。いったん回し始めると、回し車からはなかなか降りることができません。世間からの非難や忠告は、回し車内にいる当事者になかなか届きません。社会の外に出たイエスの憐れみが、初めてそのことを可能にしたということになります。

## 罪人を招くために来た

徴税人についてこれまで述べてきたことは、本日のテキストで罪人とされている人についても、あてはまります。罪人とカテゴライズされている人もまた、イエスの目に「何をしているのか、わからずにいる」人々と映ったにちがいありません。

それればかりか、徴税人や罪人を嫌い、排除してきた側の人々、つまり社会の一般構成員でさえ、イエスの目には同じように見えていたのではないかと思います。先ほどイエスの立ち位置について言及しました。徴税人を見て「何をしているのか、わからずにいる」という感懐を抱き、憐れみを覚えたとき、イエスは「〈徴税人・罪人〉対〈世間〉」という構図の外に出ていたのでした。どちら側からも外である場所に立つことになった。そこから、その感懐が構図を構成するすべての人に関するものとなる可能性が出てきます。イエスの場所からは、徴税人・罪人と世間つまり社会の一般構成員の差異は、さほど大きいものには見えないからです。社会の外にイエスがいて、社会そのものは「〈徴税人・罪人〉対〈世間〉」の構図で構成されている。このイエスと社会の差異に比べると、構図内部の差異〈徴税人・罪人と世間との差異〉は無視しうるほどに小さい。イエスの場所からは、徴税人のことは社会の一般構成員のことでもあるように見えます。構図内のどの人を見ても結局のところ、「何をしているのか、わからずにいる」のではないか。このような次第で、イエスには社会を構成するすべての人が「何をしているのか、わからずにいる」状態にいるように見え、それゆえ、憐れみを覚えずにはいられない。

ここでの理解に従えば、イエスが徴税人に憐れみを覚えることから始まった本日のエピソードは、最終的に当該社会を構成するすべての人にイエスが同様の憐れみを覚えるところまで行き着きます。そしてその延長線上で、「罪人を招くために来た」という発言がなされるわけです。となると、ここでいう罪人とは、当時その社会で罪人とされていた人ばかりでなく、徴税人や娼婦のことを「あなたがたは罪人だ」と言い切っていた、その当人たちをもまた含むことがわかります。よく知られているように、罪と訳されているギリシア語は、もともと「的を外す」という動詞から派生したようです。つまり罪人とは的を外す人のことです。それはまさに、回し車を延々と回し続けながら、「何をしているのか、わからずにいる」すべての人を指している言葉のように思えてなりません。

イエスはそのようにすべての的外れの人を見、その観点から彼らを招いた。そしてそれが、イエスが地上に来たことの意味である。「罪人を招くために来た」という言葉はこのように解することができます。以上で終わります。

＊　重い皮膚病の人を深く憐れむことについては、高橋由典「イエスの沈黙命令」前掲書、において詳しい分析を行った。

＊＊　このことについての簡略な説明が、井上俊「動機の語彙」作田啓一、井上俊編『命題コレクション　社会学』ちくま学芸文庫、二〇一二年、四五―五一頁においてなされている。

# 真珠を豚に投げてはならない

マタイによる福音書七・六

「神聖なものを犬に与えてはならず、また、真珠を豚に投げてはならない。それを足で踏みにじり、向き直ってあなたがたにかみついてくるだろう」（マタイによる福音書七・六）。

## はじめに

内村鑑三に対する世の関心は今なお高いものがあり、思想史等の専門家による研究書が毎年何冊か出版されます。手近なところでは、岩波新書からつい最近（二〇一八年一月）若松英輔『内村鑑三――悲しみの使徒』と題する書物が出版されたりしています。今日のこの会は、「内村鑑三記念キリスト教講演会」と題されているので、本来ならこれらの著作家たちのように内村鑑三に特別の関心を抱く人が立って話すべきなのかもしれません。私個人は内村の生涯や思想・信仰に通じているわけでもありませんし、また内村から深い影響を受けたという経験があるわけでもありません。その意味では、語る資格のない人間なのかもしれません。

なので、今日のこの会でお話をするように言われたとき、多少迷ったのですが、私なりにこの会の意味を把握し直したうえで、お引き受けすることにいたしました。

内村を「記念」するという場合、誰しもが考えるのが、内村の信仰、思想、あるいは生き方の現代的な意味を考えるという仕方だろうと思います。内村について研究する人、内村について本を書く人たちの接近法はまさにこのようなものです。彼らは「記念」の主体となる資格がある。むろん中には「キリスト教」の限定にふさわしくない場合もあるでしょうが。ともかくこういうオーソドックスな「記念」がある。

その一方で、私の理解では、「記念」にはもう一つの方法がある。内村鑑三は、その生涯にわたり聖書を読むことに一方ならぬ情熱を傾けました。ならばそれに倣い、力を尽くして聖書を読んでみてはどうか。聖書のテキストを内村に倣い、自分自身の言葉で語ること、これは内村を「記念」する一つの方法とはいえないか。このように考え、器の小ささも顧みず語らせていただこうと思った次第です。

## 七章一―五節と六節

本日取り上げるのは、マタイによる福音書七章六節にある「真珠を豚に投げてはならない」というとても有名なフレーズです。「神聖なものを犬に与えてはならず」という句がその前にあって、両者はほぼ同じ意味を伝えているように見えます。「神聖なもの」あるいは「真珠」とは、福音ないし信仰でしょうから、それを犬や豚つまり福音の価値を十分に把握しない者に伝えるのはもったいない。福音を伝えるときは、相手が誰であるかを十分吟味せねばならない。福音に反感を抱く者、背教者等には伝えるには及ばない。彼らは福音を聞いても、ときにそれを「足で踏みにじり」、場合によっては「かみついて」来たりする。

以上がこの箇所に関するごくふつうの理解だと思います。ただこのように解すると、すぐ前に置かれている七章一―五節との接続がややぎくしゃくした感じになります。

七章一―五節は「裁くな」がテーマです。あなたたちは他人に対する偏見や先入見で凝り固まっている。にもかかわらず、それに気づいていない。だから他人に対しすぐ神のようになってしまい、その立場から他人を徹底的に裁く。あなたたちは「兄弟の目にあるおが屑は見えるのに」「自分の目の中の丸太に気づかない」。それほど傲慢なのだ。まず「自分の目から丸太を取り除け」。これが一―五節で語られている内容です。私たちの胸に突き刺さる言葉が語られています。

一―五節では、問題なのは私たち自身です。私たちの傲慢こそが問題なのでした。これに対し、六節で問題とされているのは相手方です。福音を伝える相手こそが問題であり、だからこそ私たちはよく相手を見分けねばならない。ここでは傲慢の問題性はまったくスルーされ、問題は専ら相手にあるとされる。「自分に厳しくあれ」が「相手に厳しくあれ」に変わっているかのようです。福音を伝える私たち自身は、福音を伝えるそのことのゆえに立派な人と想定されているように見える。

自らの胸を叩きつつ読み始めたところ、いつの間にか立派な人として扱われている。胸を叩く手は止まり、逆に昂然と胸を張ってしまう。そんな感じです。七章一―六節を素直に読むと、どうしてもそのように読めてしまう。

## 問題関心

このように七章一―五節と六節との続き具合はあまりよくありません。このことが気になります。

もっとも、この二つのまとまりを次のように解することもできます。大方の註解書はこの理解に立っているようです。自分に厳しく、他人に対して許容的であることは、何よりも大事なことだ（一―五節）。だがキリスト者とはいえ、自分の胸を叩いてばかりではいけない。ときに相手を見て対処する賢さをもち合わせねばならない。ときに相手に厳しくすることも必要なのだ（六節）。このように解すれば、自分への厳しさと相手への厳しさとが連結するように見えます。態度は状況に応じて変化してよい。だから気に病むには及ばない。

ですが、自分への厳しさと相手への厳しさ（つまりは自分への甘さ）という正反対の態度が、この短いテキスト中に相次いで出てくるのは、やはりどこか変です。本当はどちらが大事なのだ、とつい言いたくなってしまう。説明を聞いて、なるほどと思うところもありますが、腑に落ちるというところまでは到底いかない。

七章一―五節と六節を分け、別々のことが語られていると考えるのではなく、ひとまとまりのものとして読むことはできないだろうか。

ひとまとまりのものとして読むとは、ひと言でいえば、七章六節を信仰批判として読むということです。相手に厳しいことを語っているように見える七章六節は、意外なことに、相手ではなく、私たち自身を問題にしている。私たち自身の信仰が厳しく問われている。このように読むことにより、七章一―五節と六節がともに私たちに向けられた言葉として浮かび上がってきます。今日はこうした関心に基づいて七章六節を読んでみたいと思いいます。

## 関心の背後にあるもの

とはいえ、七章六節をふつうに読む限りでは、信仰批判の内容はどこにもなさそうに見えます。七章六節の信仰批判とは何か。これが今日の話の本題ということになります。カギとなるのは、「真珠」と「豚」という二つの言葉です。

そこに行くまえに、いま述べた関心、つまり七章一—六節をひとまとまりのものとして読むとか、七章六節を信仰批判として読むとかの関心が、どこから来ているかについてひと言ふれておきます。なぜそんな関心を私は抱くのか。

七章一—六節がともかくひとまとまりとなっているから、というのも理由の一つですが、もちろんそれだけではありません。聖書の言葉は、それを読む人が自分に向けられていると感じるとき、力をもつように思います。一—五節はそのような内容になっていると思います。ならばそれに接続する六節も、読む側に直接訴えかける内容となっている方が自然である。信仰批判をそこに読み取ろうとするのはこうした理由からです。それに人のことを犬とか豚とよぶのは、そもそもイエスに似つかわしくない。他人を犬とか豚とかみなすことほどイエスに遠いふるまいはないように思います。他人を犬や豚とみなしているところで福音が伝わるはずがない。七章六節には、表面上の意味とはまったく異なる意味の層があるのではないか。光のあて方によってまったく異なる内容が浮上してくるのではないか。

新たな文脈を設定することにより、七章六節がより一層リアルな言葉としてよみがえってくる。新たな命が吹き込まれる。そのようなことを期待しながら話を進めたいと思います。聖書の言葉に新たな命が吹き込まれなくては、聖書を読む意味がない。これが私の基本スタンスです。このことについては最後にまたふれてみたいと思います。

## 犬と豚、そして真珠

七章六節が、「福音を伝える」ということをテーマとしていることは、明らかだろうと思います。その「伝える」ことの何が問題なのか。何がダメと言われているのか。そこに注意して読んでみたい。

先ほど「真珠」と「豚」がカギであると言いました。「神聖なものを犬に与えてはならず、また、真珠を豚に投げてはならない」と言われるときの、「犬」とか「豚」、「真珠」のイメージを確認することから始めたいと思います。

旧約聖書においては、「犬」は野犬に近いものとしてとらえられているように思います。

少なくとも今日のペットとしての犬のイメージは希薄です。「野外でかみ殺された肉を食べてはならない。それは犬に投げ与えるべきである」という律法の規定（出二二・三〇）や、「イゼベルはイズレエルの塁壁の中で犬の群れの餌食になる。アハブに属する者は、町で死ねば犬に食われ、野で死ねば空の鳥の餌食になる」という預言者エリヤの言葉（王上二一・二三―二四）は、この野犬としての犬を示していると思います。共同体の周縁にいて、共同体から廃棄されたものを餌にして生きている動物、それが犬だったようです。

豚の方はどうか。よく知られているように、旧約世界においては豚は穢れた動物でした（「いのしし〔豚の原種〕はひづめが分かれ、完全に割れているが、全く反すうしないから、汚れたものである。これらの動物の肉を食べてはならない。死骸に触れてはならない。これらは汚れたものである」レビ一一・七―八）。放蕩息子の零落した生活を語るときにも、「豚の世話」をしたとか、「豚の食べるいなご豆を食べてでも腹を満たしたかった」といった具合に、豚が登場します（ルカ一五・一五―一六）。ともかく聖書世界においては、犬とか豚は、ネガティヴな意味を担わされているようです。

これに対し、真珠は貴重な宝飾品であり、その財としての価値は疑いえない。そのようなものとして聖書でもしばしば登場します。七章六節ではそのことを前提にして、信仰とか福音の比喩としてこの言葉が用いられています。真珠を比喩として用いる例としては、マタイ福音書一三章におけるそれの印象が強烈です。そこでは天の国を表す言葉として真珠が用いられており、「高価な真珠を一つ見つけると、出かけて行って持ち物をすっかり売り払い、それを買う」とまで言われます（四五―四六節）。

他に代えがたい大切なもの、貴重なもの、自分の持ち物をすべて売り払ってまでして手に入れたものを、その価値のわからぬ者（犬や豚）に与えるのは意味がない。福音を伝えるときは、その福音を受け入れてくれる相手を選ぶことが肝心なのだ。七章六節の意味は、およそこのようなものであり、これ以外にとりようがないように見えます。ただこのように解してしまうと、（繰り返しですが）七章一―六節をひとまとまりのものとして読むという目論見は潰えてしまいます。先ほど来述べているとおりです。どうしたらよいか。

## 二重目的語

七章六節には、神聖なもの－犬、真珠－豚という二つの組み合わせが出てきますが、煩雑さを避けるため、ここからは後者の組み合わせ（真珠－豚）のみを取り上げることにします。さて、真珠を豚に投げるな、という言葉に新たな理解の可能性はあるか。

真珠を投げる宛先としては、豚はあまりに不似合いなので、宛先を変えよ。これが今まで述べてきたふつうの受けとめ方です。そこでとられているのは、宛先こそが問題という観点です。この観点に代えて、行為の当事者の方こそ問題であるという観点をとることはできないか。「豚に」投げることが問題なのではなく、「真珠を豚に投げる」ということをしている当の人こそ問題である。「真珠を豚に投げる」こと全体が非難に値する。それゆえ「真珠を豚に投げる」こと全体をやめよ。こう述べても何のことかさっぱりわからないことと思います。もう少し説明をします。

まず「真珠を豚に投げてはならない」という命令に、宛先を焦点とするのとは異なる理解があることを示してみたいと思います。

学校で英語を勉強したときに、二重目的語をとる動詞というのを習ったのを憶えておられる方も多いと思います。give とか teach とかの動詞です。いま私たちが取り上げている文も二重目的語の構造になっています。「真珠」を「豚」に投げるな、というわけですから。「真珠」が直接目的語、「豚」が間接目的語ということになります。この二重目的語をとる文の禁止命令がいまここでの問題です。

話をわかりやすくするために、一般的な禁止命令に即して考えることにしましょう。「このアンパンをあの人にあげてはいけない」という二重目的語をとる命令を考えてみます。この命令は「真珠を豚に投げてはならない」という命令とまったく同型です。アンパンが直接目的語、あの人が間接目的語です。この命令を聞いた人は、あの人にはアンパンはダメなんだな、と思います。あの人は（たとえば）糖尿病だから。それが理由です。真珠を豚に投げてはならない、と同じように、「あの人」という宛先に問題があるから、「あげる」ことが禁止されるわけです。

この理解が一般的だと思いますが、この命令には、もう一つの理解の可能性もあります。このアンパンは傷んでいる、もう食べられない、だからあの人にあげてはいけない、という理解です。この理解では、あの人という宛先に問題があるわけではなく、アンパンそのものに問題がある。だから誰にあげてもいけない。当然あの人にあげることも禁止、という結論になります。最初の理解では、アンパンは無傷だった。あの人に問題があるから、あげてはダメ、となるのでした。第二の理解では、アンパンそのものに問題がある。だからあの人にあげてはダメ、となります。

## 七章六節に適用してみる

二重目的語をとる禁止命令についての二つの理解を「真珠を豚に投げてはならない」に適用してみましょう。この命令についてのふつうの理解は、この禁止を豚に投げることの禁止ととるのでした。何度も言いますように、豚は宛先としてふさわしくない。だから禁止。豚ではなく誰かほかの人に、とこの命令は言っているわけです。この理解が、（あの人は糖尿病だから）このアンパンをあの人にあげてはいけない、という命令理解と重なることは自明でしょう。では、（このアンパンは傷んでいるから）このアンパンをあの人にあげてはいけない、という命令理解を「真珠を豚に投げてはならない」の方に適用するとどうなるか。（この真珠は傷んでいるから）真珠を誰かに投げてはいけない、当然豚に投げてもいけない、となります。

　これで一応、「真珠を豚に投げてはならない」という命令に、宛先（豚）を焦点とする以外の理解があることを示したことになります。ですがこの第二の理解は、「真珠を豚に投げてはならない」の理解としては、空想的な感じがします。アンパンの命令理解と形の上では同じだが、それだけのような気がする。真珠がすばらしいものであることは疑いないからです。福音が傷んでいる、とはありえない話だ。

## 「真珠を投げる」ことについての批判

ともかくいま述べた第二の観点をとると、「真珠を」も「豚に」もダメだ、という話になります。宛先（豚）だけではなく、与えようとしている当のもの（真珠）も問題だ、と言っていることになります。ではいったい真珠の何が問題なのか。

　真珠は信仰あるいは福音をあらわす言葉でした。それは「持ち物をすっかり売り払」っても手に入れたい何かなのでした。真珠はすばらしい宝物です。傷んだアンパンとは訳がちがう。それが疑いえない以上、この方向で考えを進めることには一見無理があるように見えます。ですが、よく考えてみると、「真珠はすばらしい宝物」という想定には、意外な脆さがあるように思います。

信仰や福音をすばらしい宝物と考えるとき、私たちは信仰や福音を、真珠をもつようにもっていると思っているわけです。真珠が財産であるように、信仰も財産にほかならない。ですが信仰ないし福音を、モノを所有するのと同じ意味で所有すると考えるのは、どこか根本的におかしいのではないか。信仰とか福音とかは、人に対する神の働きかけ抜きにはありえない事態だからです。主イエスがその人のうちに働き、その人の中から新たな力が出てくる。そのことを指して信仰とか福音とかいうわけです。それはもつものではなく、受けるものです。あなたに生きた力が働くからこそ、それはあなたにとってかけがえのないものとなります。死んでいたのに生き返り、絶望の淵にあるときに、希望を知らされる。その経験はあなたにとって宝であるにちがいありません。しかしこの宝は所有する何かなのではない。そうではなく、神の力が生きて働くということそのものが宝なのです。真珠という言葉を使うなら、真珠は、真珠「である」のではなく、真珠に「なる」のです。その度ごとに真珠になる。

信仰とか福音とは、モノではなく、神の力が働く「出来事」です。スタティック（静的）というよりはダイナミック（動的）な経験なのです。

神のひとり子がこの世に来た、そして十字架にかかって殺され、復活した、人類の罪がこの十字架の死によって赦された。こういう話を暗記したところで、それはあなたに働く力に直接には関係しない。キリストの救いの事実が、今のあなたのその場所において力となって臨む。あなたを動かす。そのような力に「なる」ことが肝心かなめのことです。あなたが今いる場所にキリストの福音が届くときに、初めて福音は福音となるというのです。そのことが忘れられ、信仰＝信仰箇条のようになってしまうと、真珠を「もつ」という発想が出てきます。

「真珠は宝物である」ことが疑いえないものとすると、「真珠を豚に投げてはならない」は、宛先（豚）に注意せよという命令にしか見えません。ですが、真珠そのものが問題だとすると、この命令は別の意味をもつことになります。「真珠を投げる」ことの正しさもまた自明ではないことになります。真珠は（神が生きて働く）出来事というよりは、自分がしっかり両手で摑んでいるモノである。「真珠を投げる」にはすでにこういう想定が忍び込んでいる。そしてそうであるなら、無自覚にモノとしての真珠を他人に与えようとする営為にはストップをかけるべきなのです。

## 「豚に投げる」ことについての批判

二重目的語をとる禁止命令一般（「このアンパンをあの人にあげてはいけない」）を参照することを通して、「真珠を投げるな」という命令に、私たちの信仰に対する批判が含まれていることがあらわになってきました。そしてそうなると、今度は「豚に投げるな」という言葉にも、単なる宛先についての注意以上の意味が含まれているように思われてきます。

何度も言いますように、「真珠を豚に投げてはならない」という命令についてのふつうの理解では、相手が豚であることが問題なのでした。豚以外の者、より真珠にふさわしい者に投げなさいということが言外に勧められています。ですが、いまの「真珠を投げる」についての議論を参照すると、「豚に投げる」ことにも別の光があてられます。「真珠を投げる」で問われたのは、私たちの信仰そのものでした。ここでも同じです。相手が豚であることが問題なのではなく、あなたが相手を豚のようにみなしていることが問題ではないか。このように思えてきます。「真珠を投げる」のときと同様、ここでも私たち自身のあり方が、視野の中心にくるわけです。

「相手を豚のようにみなしている」とは少し大げさではないか。別に相手を穢れた者とは見てないよ。そんな声が聞こえてきそうです。たしかにそのとおりかもしれません。ただ「福音を伝える」というとき、その当の相手が「未だ信ぜざる者」「まだこちらに来ていない者」とみなされていることはたしかです。彼らはモノとしての真珠をまだもっていない。その限りで、彼らは一段下にいる。穢れた者とは思っていないかもしれませんが、一段下に見るということは大いにありそうなことと思います。その彼らに向かって、大切な真珠を手渡す。手許にある福音なるものを、一段下にいる「未だ信ぜざる者」に手渡す。これが「福音を伝える」ということのイメージなのではないかと思います。

しかし真珠そのものが動的な経験にほかならないことを知った私たちの目には、このイメージはあまりにも静的に映ります。真珠はモノのようですし、手渡すというのも、機械が代行できそうです。そこにはいささかも出来事らしきものはない。神の力が働いていない。だからこそここで「豚に投げる」ことそれ自体が批判されているのだと思います。あなたがたは豚とみなしている相手に、モノとしての福音を与えている。そしてそれが福音を伝えることと思い込んでいる。しかしそれは決定的にまちがっている。

## 伝わるということが起こる

「福音を伝える」というと、伝えようと思った人がその意思に従ってやっているという印象が強い。荷物を相手に手渡す場合と同じです。ここには伝える側の意思が主役であるような語感があります。ところが現実に即していえば、「福音を伝える」とは、「福音が伝わるということが起こる」ということなのではないかと思います。伝えようという意思によってではなく、伝わるということが起こることによって支えられる。これが「福音を伝える」ということの中心にある事態だと思います。信仰が動的であるのと同じく、伝えるということも動的な過程なのです。

「伝える」ということが、「伝わるということが起こる」ことにほかならないとすると、それが起こる条件が気になります。どのような条件下でこの出来事は発生するのか。もちろんそれはわからないというしかありません。条件が特定されるようなら、つまり発生の予測があらかじめできるようなら、それはもはや出来事とはよべないからです。

ただ「伝わるということが起こる」ときに必ず伴うものは何か、と問うことはできるように思います。「伝わるということが起こる」というその場に必ずあるものは何か。それは喜びの共有ということなのではないかと思います。福音は喜ばしい音信です。ですから福音がシェアされるときには、自ずと双方ともに深い喜びで満たされます。このとき、伝える人と伝えられる人のちがいとか、福音の経験者と未経験者の差異とかは、まったく些末なことであるように思えてきます。ましてや、伝える人が上で、伝えられる人が下などという状況定義などまったく意味を成しません。福音の喜びにあふれるときには、人間の目に決定的と見えるちがいがどうでもよくなるわけです。

## 伝える側が変わる

では喜びの共有に必ず伴うものは何でしょうか。喜びがシェアされるときには必ずすでに実現していること、それは何か。それは伝える側が変わることなのではないか。「変わる」とここでいうのは、ごく些細なことです。「福音を伝える」というとき、ふつう人は、相手に福音を受け入れてもらいたいと思ってそう言います。福音を受け入れるとはすなわち変わることにほかなりません。つまり「福音を伝える」人は、相手に変わってもらいたいと思ってその人に対しているわけです。ですが、まことに逆説的なことですが、「福音を伝える」ということの真実は、相手側ではなく、伝える側が変わることの方にこそあるのではないか。

「変わる」というのは何も抽象的なことではありません。変わるとここでいうのは、福音を伝えようと思っている当の相手のすばらしさ、大切さ、かけがえのなさに気づくといった変化のイメージです。いままでは何とも思っていなかったのですから、こう気づいたとき、伝える側の人は幾分かちがった人になっているのです。このようにして、相手が大切な人、かけがえのない人と感じられることが、福音の喜びがシェアされる際に必ず起きていることなのではないかと思います。

福音書によれば、イエスは弟子を派遣するときに、「財布や袋を持って行くな」といった類のことを語りました。それは「狼の群れに小羊を送り込むようなもの」（ルカ一〇・三）でした。世間のただなかに無防備で入っていくことの意味は何か。それは、身構えないこと、自分の根拠をもたないこと、だったのではないかと思います。自分の中に依拠するものをもっていると、その観点から相手をながめ、評価し、対応するにちがいありません。身構えることとは、すなわち相手のすばらしさに素直に反応する条件を失うということに等しい。素直に反応することができるように、すなわち自分が容易に変われるように、「財布や袋を持って行くな」という勧めが語られたような気がしてなりません。

## おわりに

マタイによる福音書七章一—五節と六節をひとまとまりにして受けとめることはできないか。こうした関心に基づいて七章六節を読んできました。その結果、七章六節もまた、私たち自身に向けられた内容であることがわかってきたように思います。「豚に」が問題なのではなく、「真珠を豚に投げる」ことそのもの、その全体が問題である。それはモノとしての信仰を一段下の者に伝えるというふるまいにほかならない。ならばそんなことはやめよ。そのような信仰批判をイエスは語ったということになります。たしかに命のない死んだ言葉を上から下に向かって投げられたら、下にいて受ける側は、それを踏みにじったり、かみついてきたりするのは当然だと思います。

私たち自身に与えられた福音が真珠になることを願い、かつそれを「伝わるということが起こる」ことを通して多くの人たちと共有したいものだと思います。

以上で私の話は終わりですが、最後にひと言だけ補足的なことを述べます。今日の私の話を聴かれた方の中には、理屈っぽい話との印象をもたれた方もいると思います。はじめの方で述べましたように、私は理屈をこねまわして聖書を読むことに関心があるわけではありません。というか、そういうことにはほんとうのところ、まったく関心がない。ただ生きる力を与えられたいと思って読んでいるだけです。今日のお話も、頭で考えて作り出したお話ではありません。そうではなく、私自身に直接に働きかけてきた聖書の言葉を取り次いだつもりです。

私事で大変恐縮ですが、私には三〇代半ばになる、知的障害の伴わない自閉症（近年の診断名では自閉スペクトラム症、それ以前はアスペルガーと診断されていました）の当事者である息子がいます。これまでの三十数年、生来の生きにくさを抱え、非行・逸脱を繰り返す彼に懸命に伴走をしながら生きてきました。伴走しつつ聖書を読んできたというのが実態です。伴走する自分に響いてくる言葉があるにちがいないと思い、聖書を読んできたわけです。今日のお話もまたその営為の延長線上にあることをご理解いただければと思います。

# 狼の群れに小羊を送る

ルカによる福音書一〇・一―三

その後、主はほかに七十二人を任命し、御自分が行くつもりのすべての町や村に二人ずつ先に遣わされた。そして、彼らに言われた。「収穫は多いが、働き手が少ない。だから、収穫のために働き手を送ってくださるように、収穫の主に願いなさい。行きなさい。わたしはあなたがたを遣わす。それは、狼の群れに小羊を送り込むようなものだ」（ルカによる福音書一〇・一―三）。

## 問題

今日取り上げようと思うのは、ルカによる福音書一〇章の最初のところ、弟子七二人が派遣される場面です。そこに「行きなさい。わたしはあなたがたを遣わす。それは、狼の群れに小羊を送り込むようなものだ」（三節）というイエスの発言が出てきます。今日はこの言葉の意味を考えてみたいと思います。

これと同様の表現は、文脈はちがいますが、マタイ福音書にも出てきます。ですが、そこでは小羊という言葉は使われていません。単に「羊」といわれているだけです（「狼の群れに羊を送り込むようなものだ」マタ一〇・一六）。小羊という言葉の使用はルカ独特です。つまりルカ福音書では、派遣される弟子たちが弱い者、小さい者、無防備な者であることが強調される書き方になっている。狼はもちろん暴力を象徴しているわけでしょうから、両者の対照が際立ちます。「狼と羊」というより「狼と小羊」という方が、コントラストがはっきりするわけです。狼と小羊の対比はとても印象的です。暴力のただなかに、まったく弱い、小さい、無防備な君たちを送る。これがルカで語られていることです。

そうであるにもかかわらず、すぐ後の四節では、「財布も袋も履物も持って行くな」と書いてある。小さな、弱い者たちが狼の群れに向かう際、「杖を持って行け」とか「武器を持って行け」という指示がなされるならよくわかるのですが、ここではそうなってはいない。暴力のただなかに弱い者を丸腰で派遣する。これが派遣にあたっての基本原則のようにみえます。この原則はなかなか理解しづらい。小さな、弱い者が狼のところに行くのに、なぜ「武器を持って」ではなく、「無防備のままで」行けと言われるのか。

この疑問を解くには、「狼の群れに小羊を送る」というイエスの発言の意味をもう一度じっくりと考えてみる必要があるように思います。この発言は、ほんとうに「暴力のただなかに弱き者を送る」というだけの意味なのか。それともそこには、そのような理解には収まりきれぬ内容が含まれているのか。もし含まれているとすると、右の疑問にも新たな光があてられるかもしれない。このようなことを考えて、今日この箇所を取り上げることにしました。

## 二つの指示

最初に「狼の群れに小羊を送る」という発言の前後に語られていることを確認しておきたいと思います（ルカ一〇・一—一二）。

弟子の派遣の記事は、共観福音書すべてに共通していますが、それが二回出てくるのはルカ福音書だけです。最初は一二人の派遣（九章）、二回目が七二人の派遣（一〇章）です。マルコ、マタイには、一二人の派遣の記事しかありません。イエスは七二人を派遣するにあたって、さまざまな注意事項を述べます。「狼の群れ云々」は、その注意事項に入る前に、七二人がいったい何者なのかを簡潔に定義した箇所と解することができます。繰り返しですが、弟子たちは「狼の群れ」に送り込まれる「小羊」なのでした。彼らについては、この定義の前に「収穫のための働き手」という定義もなされています（二節）。

ともかくこの定義を出発点にして、さまざまな注意や指示が語られます。ここではそれらのうち二つだけを見ておきます。「途中でだれにも挨拶するな」と「出される物を食べよ」の二つです。

「財布も袋も履物も持って行くな」の指示に続いて、「途中でだれにも挨拶するな」という命令がなされます。この命令については、列王記に書かれたエリシャの記事が参照されることが多いようです（王下四・八―三七）。ある母親が死んだわが子のことで預言者エリシャに訴え出る。その子供はエリシャの力を介して授かった子供です。つまり母親は預言者に「責任をとってくれ」と言っているわけです。エリシャは彼女の求めに応じ、従者ゲハジをその子供のところに派遣する。子供を生き返らせることが期待されているのですが、従者ゲハジではどうすることもできない。後刻その場所にエリシャが到着し、彼の祈りを介してとうとうその子供が生き返る。この話は旧約聖書における死者の復活の事例としてよく知られているものです。エリシャはゲハジを派遣するとき、「だれかに会っても挨拶してはならない。またただれかが挨拶しても答えてはならない」と命じます（四・二九）。この命令が今日の箇所に酷似しています。ユダヤの共同体においては、挨拶は最も基本的で重要な礼儀であったようです。ですからその規範を無視するというのは、よほどのことです。それほどまでに事態は火急のことだということなのでしょう。共同体の規範など無視してもよいから、わき目もふらずに、まっすぐに子供のところに行きなさい。これがエリシャの命令に含まれている内容でした。イエスが七二人に与えた「途中でだれにも挨拶するな」という命令にも、こうした緊張感、切迫感が含まれているのかもしれません。

ルカ福音書一〇章五節以降には、個人の家に入るときの注意事項（五―七節）と町に入るときの注意事項（八―一二節）がそれぞれ語られています。「出される物を食べよ」という命令は、二つのまとまりに共通して出てきます。個人の家に入ったときも「出される物を食べ」、どこかの町に入ったときにも「出される物を食べ」るように、といわれる。この指示の意味は何か。なぜこうした行為が命じられるのか。

「出される物を食べよ」という指示がなされる背景を考えてみます。おそらくそれは、弟子たちが「出されても食べない」という態度をとりがちだったからでしょう。だからあえて注意しなくてはいけなかったのです。彼らはなぜそのような態度をとるのか。社会常識に従うなら、代価を支払うことなく他人から飲食のサービスの提供を受けるのは、図々しい態度にほかなりません。弟子たちも社会人ですから、この常識に縛られている。「出されても食べない」という態度はそこから生まれてきます。ですがそんな遠慮は無用だというのです。「働く者が報酬を受けるのは当然」（七節）だからです。遠慮することはない。君たちは福音のために働いているのだから、供されたものはその働きの報酬として遠慮せずに食したらよい。福音を認めない世間の常識に与《くみ》する必要はない。これが「出される物を食べよ」という指示の一つの意味です。

ただこの指示にはもう一つ別の意味も含まれているように思います。イエスの一行は、ガリラヤからエルサレムに向かうわけですが、その途上、異教の地や（サマリアのように）異教化した土地に足を踏み入れる可能性があります。弟子たちは先遣隊としてそのような土地にも派遣されます。そのような場所では、食べ物として何が供されるかわからない。律法で「食べてはいけない」とされているものも出てくるかもしれない。したがって、異教の地では「出されても食べない」というのが、弟子たち一般の態度だったのではないか。そのような弟子たちの態度を想定したうえで、ここで「出される物を食べよ」という指示が出されているように思えます。「私たちの宗教ではこれを食べることは禁じられています」などと言って、「出されても食べない」という態度をとり続けるのではなく、その土地の人たちが出してくれるものを喜んで食しなさい。これが「出される物を食べよ」のもう一つの意味だったのではないか。食物規制の問題は、ペトロやパウロの時代においても大問題だったのですから、そのことを考えると、このような想定はいささか現実離れしているようにも思えます。ですがそのことを了解したうえで、イエスの言葉の中にいま述べたような響きを聴きとることは、それなりに意味のあることのように思います。

イエスの注意はまだまだ続きますが、今みたことからだけでも、この世とは異なる秩序に参与し、「神の国はあなたがたに近づいた」（九節）と人々に伝える七二人の切迫感と解放感が伝わってくるような気がします。

## イザヤ書一一章「狼は小羊と共に宿り」

イエスの発言が置かれている文脈を確認したので、冒頭の問題に戻ります。
先ほども述べましたように、今日の箇所では、狼と小羊の対比が実に印象的です。暴力と無防備、強い者と弱い者の対比がくっきり描き出されています。この箇所を読むと、私の頭にはどうしても、イザヤ書一一章にある「狼は小羊と共に宿り」というフレーズが浮かんできます。ここでも狼と小羊の対比が印象的で、一度読んだら忘れられない。とても有名なところですが、今日の箇所の理解に役立つことを期待して、少しだけ引用しておきます。

狼は小羊と共に宿り／豹は子山羊と共に伏す。子牛は若獅子と共に育ち／小さい子供がそれらを導く。牛も熊も共に草をはみ／その子らは共に伏し／獅子も牛もひとしく干し草を食らう。乳飲み子は毒蛇の穴に戯れ／幼子は蝮の巣に手を入れる（一一・六—八）。

紀元前八世紀南王国の預言者であったイザヤは、軍事大国アッシリアの攻撃にさらされ、翻弄され続ける祖国の歩みの渦中で、「正義をその腰の帯とし／真実をその身に帯びる」（一一・五）メシアの到来の幻を見たのでした。主の霊に満たされた平和の王が来、正義による支配を行う。そしてそのことによって、これまで見たことのなかったような事態が到来する。それがいま引用した「狼は小羊と共に宿り」という事態です。あらゆる敵対はやみ、暴力はすべて影をひそめる。恐れや不安や緊張は蒸発してしまい、大いなる安心がすべてを覆う。狼は小羊と、豹は子山羊と、子牛は若獅子と共に伏し、共に育つ、というのです。乳飲み子と毒蛇の間に、あるいは幼子と蝮の間に、到底信じられないような平和と信頼の関係が実現する。まったく無防備な者が無防備なままで、甚だしく危険な者と親密に交流する。

驚天動地のこうした事態は、むろん現実のものではありません。現実にはまちがいなく敵対と不信、暴力と不安が世界を覆っています。ならばこの事態は単なる絵空事なのでしょうか。イザヤが「このようになればいいなあ」と考えたことにすぎないのでしょうか。イザヤは理想の絵物語を描いたにすぎないのでしょうか。

そうではない、と思います。イザヤは現実の敵対、敵対の結果としての悲惨を見ながら、その現実から遊離して「どこにもない場所」（ユートピア）としての物語を作り出したのではありません。そうではなく、現実の悲惨の真っただなかに（あろうことか）この驚天動地の平和がすでに実現していると感得した。だからそれを言葉にして表現したのだと思います。現実は悲惨以外の何ものでもない。しかしその悲惨の中からとてつもない平和が立ち上がってくる。イザヤは自分の眼前に立ちあがってきたこの平和のリアリティを疑うことができない。ほかの人の目には見えないかもしれない。しかしイザヤにとって、この平和はこれ以上ないほどにリアルなものであったにちがいありません。「狼は小羊と共に宿り」という画像を描きつつ、イザヤの心は震えたのではないだろうか、とつい想像してしまいます。

## イザヤの幻とキリストの到来

先ほど、ルカ福音書にある「狼の群れに小羊を送る」のところを読むと、イザヤ書一一章の「狼は小羊と共に宿り」のイメージが喚起されると述べました。両者はどこかで響き合っている。両者のつながりについてのこの直感に従い、ルカ福音書を読むにあたってイザヤ書を参照点としてはどうかと考えてみます。イザヤ書に関していま述べたことに照らしてルカ福音書を読むことはできないだろうか。

救い主がこの世に生まれた。これがイエスの誕生にあたってルカ福音書が記していることです（二・一一）。ここでの文脈でいうなら、イザヤがその支配を幻のうちに見たメシアが、今ここに到来した。イエスの誕生とはそのような出来事にほかならない。イエスが生まれるとは、キリスト＝メシアがこの世に到来することである。この告白が福音書の最初になされているわけです。

イザヤによれば、メシアの到来とともに「狼は小羊と共に宿り」という驚くべき平和が実現するのでした。キリスト・イエスが到来したということは、この驚くべき平和が現実のものになるということにほかなりません。キリストとともに、敵対はやみ、憎しみは蒸発し、平和がこの世界の隅々にまで行き渡る。神の国が到来する。

だが本当にそうか。本当に平和は到来しただろうか。キリストがこの世にやってきてから二千年の間、人類は戦争をし続けてきたではないか。そして今も戦火がやむことはないではないか。敵対は敵対を生み、憎悪の連鎖は尽きることがない。つまり「狼は小羊と共に宿り」の平和はどこにあるのかということです。

たしかに客観的現実の悲惨は否定しがたい。この世のどこを見ても「狼は小羊と共に宿り」という平和は存在しない。それはたしかなことです。しかし、にもかかわらず、キリストの到来とともに平和は到来したのだ。これが、聖書が全体として私たちに伝えていることだと思います。聖書は何を指してそう言っているのでしょうか。どのような経験的現実を指して、キリストの到来とともに平和が到来したと言っているのか。

　私たちの経験に即して考えてみましょう。私たちは現実においては、まぎれもなく敵対や憎悪の輪の中に放り込まれています。私たち自身もまさしく敵対や憎悪の当事者です。この輪の中にいったん入ってしまうと、抜け出すことはたいそう難しい。というか自力ではほとんど不可能です。他人を憎んだことのある人なら（ということはすべての人は、ということです）だれでもそのことをよく知っている。そのような私たちですが、ときにこの輪の中から救出されることがあります。それはどのようなときか。ひと言でいえば、人間の輪から離れて上方とつながるときです。上方とつながるとは、私たちの場合、キリストとつながるということです。キリストとのつながりがこの上なくたしかなものと実感されるとき、敵対や憎悪が実に些細なものに思えてくる。どうでもよいものと思えてくる。キリストによって示された神の愛の大きさを味わってしまうと、人間同士の敵対、憎悪が実につまらぬものに思えてくるという経験です。こうした経験は、いわば神さまからのギフトであり、こうした経験の可能性が開かれていることは、私たちに与えられた大きな幸いであるように思います。

「狼は小羊と共に宿り」が問題なのでした。敵対や憎悪が色あせて見えるというのは、あまりに個人的な経験であり、「狼は小羊と共に宿り」の平和に比べると、ずいぶん小さな出来事のように思えます。ですがその一方で、このような経験を通して「狼は小羊と共に宿り」の真の重みというかありがたさがよくわかってくるというのもたしかです。敵対が蒸発するという意味で、両者は同質の経験だからです。つまり私たちはキリストにつながることによって、ほんの切れ端にすぎないかもしれませんが、確実に「狼は小羊と共に宿り」という究極の平和の一端を経験させられるということです。キリストの到来とともに「狼は小羊と共に宿り」が実現するということの意味は、このようなことではないかと思います。究極の平和はまだ完成してはいない。けれども、ほんの断片にしかすぎないかもしれないが、それと同質の事態が今ここにおいてすでに実現している。たしかに客観的現実は悲惨そのものです。ですが、そうであるにもかかわらず、キリストの到来を通して私たちは究極の平和を垣間見る。その限りでイザヤの幻は万人の現実になったのです。

## 狼の群れに小羊を送る

右に述べた聖書理解が正しいとすると、「狼の群れに小羊を送る」というイエスの発言には、「暴力のただなかに弱き者を送る」という意味以上のものが含まれているように思えてきます。

いまキリストの到来を通して究極の平和を垣間見ると述べました。その当のキリスト・イエスが、「狼の群れに小羊を送る」と言ったのです。この狼と小羊は、ひょっとすると、究極の平和、すなわち「狼と小羊が共に宿り」というあの平和に登場する狼と小羊ではないか。イエスの発言には、イザヤが幻にみた究極の平和のイメージが込められている。もしこの理解があたっているとすると、ここに含まれるメッセージは、「狼に気をつけよ」ではなく、「あなたがたは究極の平和（「狼は小羊と共に宿り」）の一方の当事者である」ということになるのではないか。

たしかに小羊は弱く、無防備であり、狼は強く、暴力的です。狼の群れをめざす小羊は、そこに着いたとたん一口で食べられてしまいそうにみえます。しかしキリストの福音が働くなら、（小羊の立場からみて）最も危険な場所が、最も驚くべき平和、究極の平和が実現される場所になる。信じられないことですが、恐怖や不安がこれ以上ないほど高まる場所こそが、これ以上ないほどの恵みがあふれる場所となる。「狼の群れに小羊を送る」という発言には、こうした意味合いが込められているように思えてなりません。

あたりまえのことですが、「狼は小羊と共に宿り」という平和は、狼と小羊が離れ離れになっていては決して実現しません。小羊が恐怖を抱えたまま、狼の群れを遠巻きにしていたのでは、平和はやってこない。究極の平和が実現するためには、まず小羊が狼の群れに赴かなくてはなりません。そして彼らとやりとりをしなくてはいけない。だからこそ七二人は、町や村へと派遣されるのです。キリストの平和は小羊と小羊の間にではなく、あるいは狼と狼の間にではなく、狼と小羊の間にこそ成立する。平和などどこにもありえない場所に成立する平和こそが、キリストにある平和なのです。繰り返しますが、だからこそ彼らは、彼らに敵対的であるかもしれぬ町や村に派遣されるのです。

七二人は町や村に行ってキリストを伝えるわけですが、それは「キリストが到来した」とか「神の国が近づいた」と言葉で述べることにとどまらないことに注意したいと思います。キリストが到来するとは、敵対する人々の間に信じられないような平和が実現することなのでした。究極の平和が実現しているとき、そこにキリストは到来している。となると、いくら言葉で「キリストが到来した」と叫んでも、実際に町や村の人々と自分たちとの間に平和が成立していなければ、その言葉はただの空念仏になってしまうということです。正しい言葉を述べていても、それに見合う現実がなければ言葉は空回りするだけです。ですから、七二人に何より求められていることは、敵対する人々との間に平和が成立し、自らがその平和の当事者になることだということになります。平和の当事者になることがキリストを伝えるということなのです。

いうまでもないことですが、敵対する者との間の平和とは、七二人がそのように意志しできることではありません。平和を実現しようと決意し懸命に努力しても、ここでいう平和には到達しない。先に少しふれましたように、いったん憎悪の輪の中に入ってしまうと、そこから抜け出るのは至難なのです。意志によってなしうることは些少です。このように考えると、ここでいう平和は、神の介入によってしか実現しえぬことであるのは明らかだろうと思います。人間の側からいうなら、この平和は一種の出来事として生起するものなのです。

## 「キリストを伝える」とはどのようなことか

いま述べたことからとても重要な帰結が生じます。一般に「キリストを伝える」という場合、伝える側がすでにもっている何か（キリストとはだれか、キリスト教の信仰とは何か、十字架と復活とは何か、など）を相手に与えるというイメージです。そしてこの情報伝達によって、相手が変わることが期待されている。伝道という以上、それは至極当然のことであるようにみえます。こちらはもっている者で、向こうはもっていない者。この非対称的な関係が「伝道」の前提であり、「伝道」の結果、向こうの人が変化し（つまり信仰をもち）、こちら側に入ってくると想定されています。

ですが、もし七二人の仕事が「出来事としての平和」にあるとすると、少し様子がちがってくるのではないか。この平和に関しては、七二人は不変というわけにはいきません。というより彼らの変化こそがこの平和にとって必須の条件です。事態はおそらく次のように推移します。七二人の立場になって述べてみましょう。キリストにつながるこちら側において、まず敵対する当の相手がちがったように見えてきます。「狼と小羊が共に宿り」という平和を一緒に担う相手と見えてくるわけです。この不可思議な事態についてはすでにふれました。キリストのあふれる愛にふれるとき、こうしたありえないようなことが起こるのです。こちら側のこの変化がすべての始まりです。この変化は相手に伝染し、相手側においても同じようなことが起こります。こちらを敵とみなす定義が蒸発し、こちらに対する硬直した態度が溶解します。憎悪の連鎖とちょうど逆のことが起こるわけです。

ルカ福音書には七二人を迎え入れない町についての記述があります（一〇・一一－一二）。七二人の態度がどうであれ、そこでは彼らは拒否されます。現実は甘くはないのだ。そんな声が聞こえてきそうです。たしかにいま述べたようなことが起こるのは、例外的なのことなのかもしれません。しかしキリストが介入するとき、この不可思議で例外的なことが起こる。ここではこの出来事にこそ目を向けたい。

「キリストを伝える」側の変化が問題なのでした。先ほど確認したように、通常理解されている意味での「伝道」とは異なり、七二人にとっては、キリストにふれて自分たちが変わることこそが「キリストを伝える」にあたっての不可欠の条件です。となると、町や村に行くとき、そこに住む人たちと自分たちとのちがいを殊更に強調し、自分たちの不変を維持しようとするのは、この使命にふさわしい態度とはいえなくなります。「私たちは正しい教えを信じている。あなたたちも私たちと同じようになりなさい」という態度、自らの立ち位置を不変とする態度は、福音にふさわしくない。そうではなく、キリストの働きによって自分たちが変わることに躊躇しない態度こそがこの使命にふさわしいのです。キリストが働くなら、自分たちの立場への固執など大したことではないように思えてきます。そこから、その土地の人たちと同じように考え、感じ、悩むというふるまいが出てくるにちがいありません。

イエスは七二人に「出される物を食べよ」と言いました。この指示も、今述べたことに対応しているように思えます。福音に仕える人は、たしかに「途中でだれにも挨拶するな」という切迫感をもって町や村に行きます。表面的にみるなら、ずいぶん愛想のない人たちです。しかしながら、その人のうちにおいてキリストが働いている限り、その人々は、根底において、土地の人々と同じ物を食べるよう促されている人でもあるのです。以上で私の話を終わります。

# 荒れ野への導き　ホセア書二・一六―一七

それゆえ、わたしは彼女をいざなって／荒れ野に導き、その心に語りかけよう。そのところで、わたしはぶどう園を与え／アコル（苦悩）の谷を希望の門として与える。そこで彼女はわたしにこたえる。おとめであったとき／エジプトの地から上ってきた日のように（ホセア書二・一六―一七）。

## はじめに

本日は、旧約聖書ホセア書の右の箇所を取り上げることにします。

本題に入る前に、旧約聖書を取り上げるにあたっての、私自身の心構えのようなものをお話ししておきたいと思います。

一般に旧約聖書の話をすると、解説や説明が長くなって退屈になりがちです。イエス・キリストの生誕以前のテキストですから、本文にキリストは出てきません。今日の話にも解説部分が多少あり、ご多分にもれずといった印象をもつ人もいるかもしれません。

キリストの出てこない本文を素材にして、キリスト信仰に通じる普遍的な真理を取り出そうとすると、相応の準備というか回り道が必要です。解説や説明部分が多くなるのは、ある意味では仕方がないのです。ですが、いうまでもなく私の話の中心は、旧約の解説や説明ではありません。そうではなく、今の時代に生きる私たちに関係する信仰上の真理にアプローチすること、これがここでの目的です。現代の私たちに深く関係することが旧約聖書にはたくさん埋蔵されている。その埋蔵されているものの中から宝石を取り出すこと、これをめざしてお話をしたいと思います。うまくいくかどうかはわかりませんが、少なくとも志はこのようなところにあります。

今日も多少解説をしますが、最後にはいま述べた問題意識に沿った話になります。少々辛抱して聞いていただければ幸いです。

今日取り上げるのは、ホセア書の右に掲げた箇所ですが、中でも「荒れ野に導き、その心に語りかけよう」というところが私の関心の中心です。最初になぜこの言葉が私の注意を引くかを語っておこうと思います。

ホセアという預言者の最大の特徴は、自身の結婚問題を通して神の言葉を民に伝えようとした点にあります。このことについては後で少し詳しくお話しします。彼が、「淫行の女」とか「姦淫の女」とされる自身の妻を愛そうとするとき、その姿は、不信の民を叱責しつつなお彼らを愛そうとする神の姿と重なります。ホセアの結婚をみれば、神と民の関係、神の民への思いがあらわに示される。これ以上すぐれた実物教育はない。預言者ホセアにとって、困難な結婚の当事者であることと預言者として生きることとは、分かちがたく結びついています。

ホセア書を読んでいて、とても印象的なのは、「造り主を忘れた」（八・一四）と形容され、実際に「罪を犯す祭壇」（八・一一）を築き、「呪い、欺き、人殺し、盗み、姦淫がはびこり／流血に流血が続いている」（四・二）社会をつくりあげているイスラエルの民に対し、厳しく叱責する一方で、「わたしは激しく心を動かされ／憐れみに胸を焼かれる」（一一・八）と語る神の姿です。どういうわけか神は不信と裏切りにみちた民への関心を決して手放さない。「姦淫の妻」のようなイスラエルへの熱き思いがそこかしこにあふれ出ます。民の悲惨な現実と神のこの熱き思いのギャップがとても印象的です。

この熱き関心を根拠にイスラエルの救済が語られます。「その日が来ればと／主は言われる。あなたはわたしを、『わが夫』と呼び／もはや、『わが主人（バアル）』とは呼ばない」（二・一八）。「その日」には今の現実は廃棄され、神と民はまったく新しい関係に入る。現在の悲惨の彼方に新たな現実が遠望されているわけです。

冒頭に掲げた箇所は、この救済預言（二・一六―二五）の始まりのところに置かれています。救済の預言が語られる「場所」について述べた箇所です。神は民を荒れ野に連れ出し、そこで救済が語られるというのです。救済は荒れ野で語られる。荒れ野においては民は素直に聞き、素直に応えます（「そこで、彼女はわたしにこたえる」）。なぜ救済の約束を告げる場所が、花園のようなところではなく、荒れ野なのか。なぜ直《じか》に救済が告げられるのではなく、いったん民を荒れ野に連れ出さねばならぬのか。そしてそこにおいてはなぜ民は素直に耳を傾けるのか。本日はこうした問いについて考えてみたいと思います。

## 預言者ホセアの使命

ホセアは北イスラエル王国の預言者です。王国の末期、滅亡（前七二二年）に至るまでの三〇年ほどの間に預言活動をした人と考えられています。ホセア書には、ホセア個人の出自に関する情報はほとんど書かれていませんし、召命についての記事もない。ホセア自身に関係する個人的な事項としては、彼の結婚について二か所で記されているだけです。すなわち第一章で、「行け、淫行の女をめとり／淫行による子らを受け入れよ」（一・二）を中心とするいくつかの命令と、それに従うホセアのふるまいが記され、第三章で「行け、夫に愛されていながら姦淫する女を愛せよ」（三・一）という命令とホセアのふるまいが記されています。

聖書本文に記された情報はこれしかないので、これをもとにさまざまな推定がなされるわけです。「淫行」とか「姦淫」と書かれているのは、実際は何であったか。いわゆる「不倫」なのか、それとも神殿娼婦、つまり儀礼として売春行為をする女性のふるまいなのか。あるいは、一章の「行け、淫行の女をめとり……」の命令と三章の「行け、夫に愛されていながら姦淫する女を愛せよ」の命令は、同じ命令の別バージョンなのか、それともまったく別の命令と解するべきか。こうした点をめぐりいくつもの解釈があるようです。

これらを逐一ここで取り上げることはしませんが、話を先に進めるにあたって、一つの点だけはっきりさせておこうと思います。ホセアが「行け、淫行の女をめとり……」という命令を結婚前に聞いたのか、それとも結婚後に聞いたのかという点です。本文をそのまま読むと、ホセアは結婚前に「ここに淫行の女がいる、この女と結婚せよ」といわれ、この神の命令に従い、最初から意気込んで姦淫の女をあえて結婚相手とした、というストーリーが浮かび上がります。

しかし別の理解も可能なようです。結婚後に妻の不貞が発覚し、その渦中にいるときに、不貞の妻を受け入れること、あるいはそのような女性との結婚を継続することが、自らの使命つまり神の命令と自覚されてきた。この理解に立つと、神の命令は事後的に出現することになります。ホセアの結婚は最初何の問題もなかったかもしれない。しかし時間の経過とともにまったく思いもかけない方向に展開した。妻が自分を裏切ったのだ。この悩ましい問題の渦中にいるとき、ホセアにはこの不可能な結婚こそが自分に課せられた使命であり、神の命令であるように思えてきた。苦悩のただなかにあるときに「行け、淫行の女をめとり……」という命令が聞こえてきた。

いま述べた二つの理解のうち、ここでは第二の理解の立場に立ちたいと思います。つまりホセアは神の命令を、結婚後、妻の裏切りがわかった後の煩悶の中で聞いた。妻の不行跡という思いもかけぬ人生の荒波に翻弄されながら、その荒波のど真ん中でホセアは自分の結婚の意味についての示しを受けた。このように考えておきたいと思います。このような想定の方が、現実味があると思えるからです。

預言者ホセアの独特な点は、いま述べた彼と妻の関係が、そのまま神と民の関係の写しとなっているところにあります。神とイスラエルの民との関係は、神がイスラエルの民を選んだことから始まります。後でもふれますが、彼らが選ばれたことに格別の理由はありません。それは端的にいって神が彼らを愛したということなのです。だからこそ婚姻が神とイスラエルの比喩として意味をもつということになります。

自分を裏切った妻を愛することは至難です。愛そうという思いはあっても、そこにすぐすきま風が入り込みます。妻はまた裏切るのではないか、にこやかな顔を見せているけれども、実はもうすでに裏切っているのではないか。そうした疑いが忍び寄るのです。この困難な愛を生きることが、ホセアの預言者としての使命です。なぜこれが使命なのか。それは、神と民の関係もまた、ホセアと妻の関係のようなものだからです。神は自分の民が異教の神に心をもっていかれていることを知っている。民のふるまいは、まさに「愛人の後についていき／わたしを忘れ去った」（二・一五）ものにほかならない。神の民への思いの中にすきま風が入り込んだとしても仕方がない。

ですが、にもかかわらずホセア書においては、その民に救いの約束が与えられます。「はじめに」で述べたとおりです。この神の営為は、不可能な愛を生きようとするホセアの困難とまったくパラレルです。ホセアは、自らの結婚を全うし、妻を愛する困難の当事者となることを通して、神の困難をそのまま民に伝えるわけです。ホセアが不可能な愛の当事者として苦悩すればするほど、神の困難が浮き彫りにされます。

## ホセアは何を問題にしたのか

ホセア書において示される民の側の問題の中心は、彼らが神ならぬものを愛したということです。ホセア書にあっては、信仰の問題とはすなわち愛の問題です。愛はその人の全身をとらえます。神ならぬものを愛するとは、民の全人格が神ならぬものに向かっているということにほかなりません。以下その様子を本文に即して見てみます。

彼らは、「エフライム〔＝イスラエル〕は罪を償う祭壇を増やした」（八・一一）とあるように、宗教に熱心だったようです。「実を結ぶにつれて、祭壇を増し／国が豊かになるにつれて、聖なる柱を飾り立てた」（一〇・一）とも書いてあります。しかし宗教熱心とは、自分を愛したり、神ならぬものを愛したりすることの別名であるかもしれない。いつの間にか自分や神ならぬものが、神となっている。こうしたことは日頃私たちがよく見聞きすることです。私たち自身もそうかもしれない。

ともかく宗教に熱心になればなるほど、民の心は神から離れていく。彼らが愛し、心奪われているものの本体は、神ならぬもの（偶像）だからです。神の目から見るなら、彼らが熱心に行う儀礼は、すべて空虚です。「わたしへの贈り物としていけにえをささげるが／その肉を食べるのは彼らだ」（八・一三）と書いてあるとおりです。むろん彼らはそれに気づいてはいない。だからこそ自らを宗教熱心であると信じて疑わず、「木に託宣を求め／その枝に指示を受ける」（四・一二）。

既成の宗教制度やその制度内で生きている宗教指導者（祭司）もあてにはできない。祭司たちは「さあ、我々は主のもとに帰ろう。主は我々を引き裂かれたが、いやし／我々を打たれたが、傷を包んでくださる」（六・一）という耳ざわりのよい言葉を民に投げかけ、安心を民に与えているかのようです。そしていうまでもなく、儀礼は規定通りに、滞りなく行われ続けている。宗教の専門家はいつの時代でも、安心の言葉を吐き、制度のレールの上で見事なふるまいをするのです。

しかしそれは神の求めることではない。「わたしが喜ぶのは／愛であっていけにえではなく／神を知ることであって／焼き尽くす献げ物ではない」（六・六）と神は語ります。制度が整備され、儀礼が立派に行われ、専門家がもっともらしいことを語ってはいても、そこには何もない。空っぽです。神の前に立つイスラエルの民は、神の前に立ってはいるけれども、その中身は抜け殻です。

イスラエル全体のこの空虚さは、神の目から見るなら、裏切りにほかならない。「エジプトから彼を呼び出し、わが子とした」（一一・一）はずの民、神自ら「身をかがめて食べさせた」（一一・四）はずのイスラエルが、いつの間にかその場所からいなくなっている。

この背信、裏切りは、ご利益《りやく》を求めて他の神々に赴くという類のものではないことに注意しておきたいと思います。彼らがヤハウェの前でうつろなのは、他の神の与えるご利益に目がくらんでいるからではありません。そうではなく、彼らの人格全体がヤハウェ以外のもの、神ならぬものにもっていかれてしまっているからです。だからこそ、この民のありさまが性愛のメタファーを用いて表現されることになります。妻が夫ならぬ男に夢中になってしまうのと同じように、イスラエルは神ならぬものにうつつを抜かしている。自分を選んでくれた神に向かわず、他の神々に顔を向けている。この背信は「姦淫」とよばれるにふさわしい。

この背信はご利益を求めての背信よりずっと深刻です。なぜなら、ご利益への関心は打算という思考の産物ですが、ここでの民は単なる思考によってではなく、思考よりも深いところから動員されて神の前を去っているからです。裏切りの根は深い。

## 破天荒な愛

背信のイスラエルはどうなるのか。彼らに罰は下るのか。ホセア書にはたしかに「主は彼らの祭壇を打ち砕き／聖なる柱を倒される」（一〇・二）とか「イスラエルよ、お前の破滅が来る」（一三・九）のように、審きの言葉が記されています。しかしながら、ホセア書全体を貫くトーンは、審きというよりは、慨嘆です。「荒れ野でぶどうを見いだすように／わたしはイスラエルを見いだした」（九・一〇）。なのに今おまえたちはどこに行ったか。「エフライムの腕を支えて／歩くことを教えたのは、わたしだ」（一一・三）。なのにお前たちはなぜ去ったか。

この慨嘆の底にあるのは、いうまでもなく「まだ幼かったイスラエルをわたしは愛した」（一一・一）という事実であり、「身をかがめて食べさせた」という神の経験です。この経験に照らすと、背信のイスラエルのことを嘆かざるをえない。

慨嘆する神は、しかし、にもかかわらずイスラエルへの関心を最後まで捨てない。最初に述べたとおりです。関心を捨てていないからこそ、慨嘆するといった方が正確かもしれません。だからこそ慨嘆の先に、冒頭でふれたような「激しく心を動かされ／憐れみに胸を焼かれる」神、不実の民、背信の民をなおも愛してやまない神が姿を現します。審きに値するような民であっても、神はその民への関心を決して捨てないのです。「ああ、エフライムよ／お前を見捨てることができようか」（一一・八）という直截な言葉が語るとおりです。審きを圧倒するかのように愛があふれるわけです。

この愛はずいぶん破天荒な愛です。民の度重なる裏切りにもめげることがない。たしかに人間の世界においても、これに類することは起こりえます。子どもの何度もの背信にも、いささかも揺るがない親の愛というのはあるかもしれない。しかし親は自分の子どもだからこそ愛するのでしょう。すなわちこの愛には理由があります。ですが、今ここで注目している神の愛に、適切な理由を見いだすことは難しい。むろんヤハウェの神が最初にイスラエルを選んだから、という答えもありえます。選んだ責任があるから捨てないのだというわけです。だがそうなると、では、なぜ選んだのかという話になります。なぜ他の民族ではなくイスラエルを選んだのか。この問いに答えを与えることは難しい。神はその思いのままに選んだにちがいないからです。

つまり突き詰めて考えると、イスラエルへの神の愛には理由がない。これが、先ほど神の愛が「破天荒」と述べた理由です。この愛は人間の側の条件にまったく依存しないようにみえます。民の側は、このような愛があるとは知らない。「このような愛がある」と言われたところで、なかなか信じきれるものではない。だからこそホセアに白羽の矢が立ったのでした。破天荒な愛を伝えるための実物教育として選び出されたのが、預言者ホセアの結婚なのでした。預言者ホセアに命じられていることは、人の理解を超えた愛の実践です。「姦淫の妻を愛する」という困難な、ほとんど不可能な実践にふれることを通して、人は、神のありえない愛の実体にはじめてふれる。神－ホセア－民の関係は、このような構造になっていたのでした。

「はじめに」でふれた救済の言葉（「その日が来れば……」）は、こうした神の破天荒な愛という文脈においてとらえることができるように思います。

## ホセア書における「荒れ野」

さて以上のようなホセア書全体の理解を前提にして、荒れ野の問題に戻ることにしましょう。なぜ民は荒れ野に導き出されるのか。

ホセア書において荒れ野とは、何よりも、エジプトから導き出されたイスラエルの民が、天幕に住みつつ放浪した場所のことです。そこは、神とイスラエルがこの上なく親密であった場所として回顧されています。出エジプトの時代は、「わたしがあなたと共にあった日々」（一二・一〇）であり、そこで「わたしはあなたを顧みた」（一三・五）と語られる場所なのでした。かつて神とのシンプルで全き関係が実現していた時代があり、場所があった。ホセア書では、そのような回顧が繰り返し語られます。

むろん出エジプト記や民数記において描かれる民の姿は、「神とのシンプルで全き関係」からはほど遠いようにも思えます。そこではモーセに不平を言い、神ならぬものを愛してしまう民が、何度も何度も描き出されます。しかしともかく、ここホセア書では、出エジプトの時代は、神と民とが直接に結びつき、神が民を直接に導いていた時代として想起されており、荒れ野とはその親密な関係を象徴する場所にほかならないのでした。

ですから「荒れ野に導く」とは、何よりもまず、神との直接的な関係がかつて実現していた場所に戻ることを意味します。「罪を犯す祭壇」を捨て、神とのよき関係が実現していたその場所に戻って、リセットすることが求められているということです。

イスラエルの民を粉飾と欺瞞に満ちた今の場所から連れ出し、荒れ野にいざなおう。そこに行けば、かつてそうであったように、神の言葉は民にまっすぐ届き、民は素直にその言葉に応える。失われていた親密な関係がまた戻ってくる。「罪を犯す祭壇」に犠牲をささげるような生活をしていては、神の声は届かないし、神の破天荒な愛にも気づかない。いったんそこを離れよう。離れることによってようやく条件は整う。荒れ野は、神の愛した「まだ幼かったイスラエル」をもう一度取り戻す場所なのです。そのような場所においてこそ、救済の言葉（「その日が来れば……」）は語られる。「荒れ野への導き」がこのような意味で語られているのはたしかだと思います。

## 私たちにとっての荒れ野

いま語った理解は、聖書本文の理解としては、疑いもなく正しい。どの註解書を読んでも、これと同趣旨のことが書かれています。ただこの理解だけでは、「ああ、そうなのですか」で話が終わってしまうような気がします。お勉強をしましたという感じはあるが、それ以上のものはない。もう少しいえば、この理解だけでは、聖書の言葉は読む側の心に届かないように思います。「心に届く」とここでいうのは、聖書の言葉があたかも自分に宛てられた言葉のように思えてくるということです。いまの場合、本文を正しく読むだけでは、どうしてもそのような事態に至らない。それは至極当然のことです。出エジプトとか荒れ野とかの経験は、イスラエルの民の歴史に固有のものだからです。現代日本に生きる私たちには、その限りで、何の関係もない。

聖書の言葉を自分に宛てられた言葉として読むというのは、学問的な態度とはいえないでしょうが、聖書学や神学と無縁な人間が聖書に接する態度の一つとして、いつの時代にあっても意味があると私は考えます。この角度から「荒れ野への導き」を考えたら、どうなるか。

いま述べたような態度でホセア書を読むと、そこで描き出される背信の民の姿は、何ほどか私たち自身と重なるように思えてなりません。私たちもまた、イスラエルの民同様、与えられた恵みをすぐに忘れますし、「生きた水」（ヨハ四章）が与えられないと即座にうつろになってしまう。格好はつけているが、中身はない。心はどこかよそに行っている。自ら背信と気づかずに背信とよぶにふさわしいふるまいをしているわけです。イスラエルの民と同じです。さらに私たちは、神が私たちを理由なくとことん愛し抜いていることを本当は知らない。わかっているような顔をしているが、本当の意味では知らない。そのような私たちだからこそ、キリストはこの世に到来したのです。

さて荒れ野です。荒れ野とは、文字通り、殺伐とした土地です。生命維持の資源となるものが極小化された場所です。イスラエルの民についていえば、この荒れ野こそが神の声を聴く条件が整えられた場所なのでした。イスラエルの民が既成の社会制度や宗教制度の中にいて、それらを頼りに生活している限りは、神との全き関係には入れない。彼らが頼りにしているそれらを捨て、それらが一切効力をもたぬ荒れ野に出ることによってはじめて神とのシンプルな関係に入る条件が整えられる。

このことを参照して、私たち自身にとっての荒れ野を考えます。それは要するに、私たちがふだんの生活で頼りにしていたものを失ってしまうという経験にほかなりません。これまで生きていくにあたって頼りにしてきた一切のもの、社会的地位や財力、信用、人的ネットワーク、知恵、あるいは自分への信頼などがその効力をまったく失ってしまうという経験です。その具体的な内容はさまざまです。事業の失敗かもしれませんし、心から信頼していた人物の背信、あるいは自身の病気や不遇かもしれない。さらにいえば、愛のかけらもない自分自身への絶望かもしれません。ともかくこのような経験が荒れ野の経験です。イスラエルの民の場合は、自ら荒れ野に赴くわけですが、私たちの場合は、意志とは無関係に荒れ野に放り込まれるわけです。このような場所に立たされて初めて、神と出会うための条件が整う。これが「荒れ野への導き」の今日的な意味ではないかと思います。

荒れ野の当事者になるとは、一般的にいえば辛い経験です。なぜそれが神と出会う条件となるのか。人は荒れ野の当事者になったとき、自らの運命を呪う言葉を吐くのがせいぜいだろう。神との出会いから最も遠い場所が荒れ野なのではないか。こうした疑問はもっともです。ですが、その一方で、「神との出会いから最も遠い場所」に行かなければ、人は心から神に頼ることをしないというのも事実です。何か頼るものがあれば、人は神に頼らない。神に頼らなければ出会いは起こらない。

では、「神との出会いから最も遠い場所」で実際に何が起きるか。そこで起きることは、「出口なし」という経験の真っただなかにいるときに、扉がクルッと回転するという経験です。最悪のカードが一気に最良のカードになる経験といってもよい。ともかく自分を囲む状況全体の図柄が一気に反転します。

どうしてこのようなことが起こるのかは誰にもわからない。ただ確実なことは、信仰の経験とは、いま述べたような意味での「反転」が「起きる」ことだということです。この出来事に無縁な信仰の経験というものを私は想像することができません。キリストがこの世に到来してからの二千年間というのは、このありえないような反転が無数の人間の人生において数限りなく起こってきた歴史だったのではないかと思います。現代に生きる私たちの人生は、無数のこうした経験の堆積の上に展開している。そしてその反転の出来事の条件として機能するのが、荒れ野の経験、「荒れ野への導き」なのではないかと思います。冒頭に掲げたホセア書二章一七節に「アコル（苦悩）の谷を希望の門として与える」とあります。アコルの谷とは、ユダ族のアカンが石打の刑にあった場所であり（ヨシュ七・二四―二六）、一般には恐怖あるいは苦悩の谷として知られていたといいます。その恐ろしい場所が希望の門として与えられるというのです。これは終末における出来事と解されているようですが、もっと一般的に私たちの信仰における普遍的な出来事といってよいように思います。

## おわりに

これまで荒れ野の今日的な意味について考えてきました。最後に一つだけ付け加えておきたいと思います。

これまでのような角度から荒れ野のお話をすると、信仰のたしかさを獲得するために荒れ野の経験が必要と言っているように聞こえるかもしれません。信仰のたしかさが目的であり、荒れ野の経験はそれに至るための手段、という理解です。そのように受け取ると、「だから荒れ野が大事だ、荒れ野の試練よやって来い」と私が語っていることになってしまいます。ですが、私が述べているのは、そういうことではありません。目的－手段系列の話をここでしているのではありません。そうではなく、荒れ野の経験においてこそ深く神の愛が確信されるという単純な事実関係（因果関係）の話をしているのです。私たちは努力とか努力による成果の獲得とかが好きですから、単なる因果関係の話をすぐに目的－手段系列の話に変換し、目的のために努力が必要と考えがちです。ですが、信仰とは目的－手段系列に収まるものではない、というのが私の考えです。これで私の話を終えることにいたします。

# 金持ちの男の困難

## マルコによる福音書一〇・二一

「あなたに欠けているものが一つある。行って持っている物を売り払い、貧しい人々に施しなさい」(マルコによる福音書一〇・二一)。

### マルコとルカ

新共同訳マルコによる福音書一〇章で「金持ちの男」と題されているエピソード(一七―三一節)の前半部分(一七―二二節)を取り上げたいと思います。この話はマタイとルカにも出てきます。それぞれ若干ニュアンスがちがいますが、マルコ福音書がオリジナルとのことなので、ここではマルコのテキストに即して考えてみることにします。

はじめに、この箇所の何を問題にするかを簡単にお話ししておきます。

話の筋はおよそ次のようなものです。ある人がイエスのもとを訪ねて来た。「走り寄って」とありますから、大いに期待してイエスのところに来たのかもしれません。この人は真面目な人だったようで、律法を守って正しい生活をしてきた。ところが自分が神の国に入ったという確信がもてない。確信がもてるようになるにはどうしたらよいか。そのことをイエスに訊いてみたい。その一心で訪ねてきたのです。この男は、イエスに会ったとたんにその話を切り出します。「善い先生、永遠の命を受け継ぐには、何をすればよいでしょうか」。こうしてイエスとの間で問答が始まります。先生であるイエスは、律法をめぐるこの男との問答の最後に、「あなたに欠けているものが一つある。行って持っている物を売り払い、貧しい人々に施しなさい」と命じます。

イエスのこの命令に対し、この男は「わかりました、ではそのとおりにします」とは答えなかった。自分にはできない、無理だと思ったらしく、気落ちして帰っていった。「悲しみながら立ち去った。たくさんの財産を持っていたからである」と書いてあります。

この男はどうして無理だと思ったか。マルコではなく、ルカ福音書にはその理由とおぼしきものがはっきり書いてあります。そこでは「持っている物をすべて売り払い、貧しい人々に分けてやりなさい」（ルカ一八・二二）という命令になっているからです。「すべてを売り払え」と言われたので、できないと思った、というわけです。ルカのこの印象が強烈だったせいか、私などは漠然とマルコの伝える話においても、同じような事情だと思い込んでおりました。しかし、マルコにはそうは書いていない。「持っている物を売り払い」

と書いてあるだけです。持っている物「すべて」とは書いていない。

実はマルコ福音書のこの箇所の翻訳はさまざまで、日本語訳にも「すべて」の意味で訳しているものもあります。たとえば口語訳では「持っている物をみな売り払って」とあります。外国語の訳でも事情は同じです。「すべて」の意味を含ませているものとそうでないものがある。ただギリシア語原文では、ルカ福音書で使われている「すべて」を意味する単語が使われていません。ですから両者を訳し分けようとするなら、マルコの訳には「みな」とか「すべて」の語を入れない方がよいように思います。口語訳のように「持っている物みな」と訳すのは、訳者の読み込みによるものといえそうです（田川建三訳著『新約聖書　訳と註　第一巻』作品社、二〇〇八年、三三七頁）。

## 「悲しみながら立ち去った」のはなぜか

さて「持っている物を売り払い」と書いてあるだけだとすると、ただちに疑問が湧いてきます。所有物のすべてではなく、その一部を売り払って施せと言われて、なぜこの男が気落ちして「悲しみながら立ち去った」のかという疑問です。

自分の所有物の一部を換金して貧者に施すというのは、今ふうにいえば、慈善行為です。自分の所有の一部を切り分けて、困っている人に贈与する。こうしたことは、少なくとも現在ではさほど特別なことではありません。昨年（二〇一一年）三月に東日本で震災があったとき、全国津々浦々から多くの義援金が集まりました。日本中のたくさんの人がこの意味での贈与をしているわけです。この男に命じられたのはこうした贈与ですが、この男の反応は奇妙でした。誰でもがしていることを命じられているのに、悄気《しょげ》かえってしまい、「悲しみながら立ち去った」。

マルコのテキストでは、この奇妙な反応の理由を「たくさんの財産を持っていたから」と記しています。彼は大金持ちだから自分の財産にそれだけ強く固執していた。だからこそ「施しはできない」と思い、立ち去ったのだというわけです。大金持ちだからこそ自分の財産に固執するというこの説明にはたしかに一理あります。ただその一方で、大金持ちなのだから少しばかりの贈与など大したことではないだろうという気もします。少なくとも「悲しみながら立ち去」るほどのことではない。この立場に立つと、マルコによる理由づけを聞いても、今ひとつピンとこない。私自身、何度読んでもマルコのこの説明では腑に落ちるという感じがしないのです。そこでここではこの立場から、つまり「悲しみながら立ち去った」理由がよくわからないという観点から話を進めていきたいと思います。

「金持ちの男」にとってさほど難しくもない「貧者への施し」を命じられて、なぜ悄気てしまい、「私の人生はこれで終わり」とでもいうかのような反応を（「悲しみながら」という表現にはこうしたニュアンスが込められているように思います）示したのでしょうか。彼はひどいショックを受けたのですが、そのショックの中心は一体何だったのでしょうか。こうしたことを考えることを通して、この金持ちの男が抱える困難を明らかにしてみたいと思っています。

## 善行と永遠の命をめぐる問答

いま述べた問題を考えるにあたって、イエスとこの金持ちの男との問答をもう少し詳しくみておこうと思います。男の反応がどのような話の流れから出てきたのかを確認しておきたい。

この男はイエスに走り寄ってひざまずき、「善い先生」とよびかけました。ひざまずくという姿勢はやや大仰な感じがしますし、「善い先生」という言い方も何だか不自然です。いずれも今日の感じ方に照らしてそう思えるということですが、事情は当時においてもあまり変わらなかったようです。研究者によれば、ひざまずくという姿勢や「善い先生」というよびかけは、この当時においてもあまり一般的ではなかったとのことです（R. A. Guelich, *Word Biblical Commentary*, 34B, 2001, p.95）。特別な姿勢やよびかけの言葉を使うことを通して、この人はイエスに対する格別の敬意や尊敬を表したかったのかもしれません。この男にとって、イエスは何よりも善きこととか正しさとかの道徳的価値の体現者だったのでしょう。これに対し、予想通りというべきか、イエス自身は「善い先生」というよび方に否定的です。善い者は神だけだ、というのです（一七―一八節）。

この男はイエスを「善い先生」と考え尊敬していたのですが、このことのうちにこの男自身の姿が映し出されています。相手に対する評価は、評価する当人の人間の質をあらわにしてしまいます。この男にとって重要なことは、真面目に生きること、掟に従って実直に生きることにほかなりませんでした。イエスのことを善い人だと思ったのは、この男自身が善いこと、正しいことに敏感だったからです。善いこと、正しいことが重要だという生き方をしてきたからです。

この男は真面目に真剣に、掟に忠実に生きてきた。その先に「永遠の命」があると思ったからです。ところがまだ永遠の命には届いていない。届いているとの実感がない。だからこそイエスを訪ね、開口一番「永遠の命を受け継ぐには、何をすればよいか」と尋ねたわけです。

この男に関して特筆すべきことは、自分には永遠の命がないことを素直に認めていることです。この人は自らの実感に忠実です。一般に道徳的な人や宗教的な人は、自らの正しさに自信をもっていたりするので、なかなか正直になれない。しかしこの人は実に素直に自分が永遠の命に縁がないことを認めてしまっています。そのうえで、いま永遠の命を新たに求めようとしているわけです。しかし永遠の命を求める際の求め方はこれまでと同じです。「何かをする」ことによってそれが得られると思っている。秘策があると思っている。「何をすればよいでしょうか」と尋ねたのはそのためです。

## イエス、十戒を持ち出す

イエスはこの問いに対し、十戒（出二〇・一―一七）の後半部分を持ち出します。「殺すな、姦淫するな、盗むな、偽証するな、奪い取るな、父母を敬え」（一九節）。そしてこれらの掟を君は知っているはずだと語ります。「何をすればよいか」という問いに対してこの掟が持ち出されたわけですから、男としてはいささかムッとせざるをえない。男は生真面目に、掟に忠実に生きてきたわけですから、これらの最重要の、最も基本的な掟については、知っているどころか、完璧に実行して今に至っている。当然そのような自負があります。「そういうことはみな、子供の時から守ってきました」（二〇節）。これが彼の答えです。彼の憤然とした態度が透けて見えるようです。

彼にしてみれば、あたりまえのことをいちいち確認しないでほしい、子どもでも知っているようなことを言わないでほしい、という気持だったのだと思います。彼の言い分をさらに忖度すれば次のようになるでしょうか。「殺すな、姦淫するな、……」といったようなことは、あなたから言われるまでもなく完璧に守ってきた。あたりまえである。だがどういうわけか、永遠の命の確信がもてない。だからこそあなたのもとにやってきて、永遠の命の秘密を教えてもらおうとしている。なのに、なぜ今更このような誰でも知っている掟を持ち出すのか。

イエスがここで十戒を持ち出してきたことの意味は何か。なぜこの誰でもが知っている掟を持ち出してきたのか。この男ならずとも疑問に思うところだと思います。男は救いに至るには秘策があり、その秘策を実行しさえすれば永遠の命を手に入れられると思っています。ポイントを貯めれば景品が手に入るのと同じように、善行を積めば永遠の命がゲットできると思っている。イエスによれば、それは大きな勘ちがいだ。すべきことはすでに十戒というかたちで書かれている。付け加えることは何もない。そしてあなたはそれを実行してきた。だが今まだ永遠の命に届いていないと思っている。そのとおり。この最重要の掟を実行しても永遠の命には届かない。何かをして永遠の命に至るというのは、そもそも土台から無理なのだ。これがイエスの言いたかったことではないかと思います。つまりイエスは、基本的な掟を持ち出すことによって、「何かをする」ことによって救いに至ろうとする男の思い込みを痛烈に批判したのではないかと思います。基本的な前提ないし方向性が誤っていると言っているわけです。

「十戒は子供の時から守ってきた」という男の返事を受けて、イエスは彼を見つめ、慈しんで、冒頭に掲げた発言（「あなたに欠けているものが一つある……」）をすることになります（二一節）。「慈しむ」とは、要するに愛するということです。この男はいささか見当ちがい気味なのですが、それでも永遠の命の問題を真剣に考えてイエスのところにやってきました。他の目的があったわけではない。動機は純粋です。また彼の語る言葉と彼の実質の間にずれはありません。真正直に語っています。さらに彼は自身の不充足感（永遠の命の確信がもてないこと）に敏感にも気づいています。そしてそのことを素直に表明しています。衒《てら》いというものに無縁の人物です。これらのいくつもの点からイエスは彼のことを愛すべき人物と思ったのでしょう。見当ちがいの点も含めて彼を可愛いと思ったのだと考えられます。塚本訳では「慈しんで」のところを「かわいく思って」と訳してあります（塚本虎二『福音書』岩波文庫、一九六三年、四一頁）。

イエスはこの愛すべき男に対し、「あなたに欠けているものが一つある」から始まる贈与の命令をします。すると男はその言葉に「気を落とし、悲しみながら立ち去った」わけです。

以上がイエスと男の問答のあらましです。

## 「欠けているもの」とは何か

はじめの問いに戻ります。困っている人への施しが命じられただけなのに、なぜ男は落胆して帰ってしまったのか、が問題なのでした。男は「持っている物を売り払い、与えなさい」と言われただけなのに、ひどく悄気てしまった。男はこの命令の言外に何か重大なメッセージを受けとったにちがいありません。彼はイエスの命令から何を聞きとったのか。

私の理解では、この問いを解くカギは「あなたに欠けているものが一つある」というイエスの言葉です。

ルカのテキスト（「持っている物をすべて売り払いなさい」）だと、この「欠けているもの」の中身ははっきりしています。「持っている物をすべて売り払い、貧者に分け与える」ことです。あなたは真面目に懸命に律法を守ってきた。だがなお足りないことがある。それは全財産を売り払って施すことだ。イエスはこう言っているようにみえます。

これに対しマルコでは「すべて」という語が脱落していますから、ルカと同じ話にはなりません。ユダヤの共同体では、貧者ややもめの保護は重要な社会規範でしたから、この男が貧者への施しとまったく無縁の人生を送ってきたとは考えにくい。自分の財産（の一部）を貧者に贈与することはそれなりにしていたにちがいない。だとすると、貧者への贈与（施し）は「欠けているもの」にはあたらないことになります。それだけではありません。先ほどふれましたように、イエスは、善行によって永遠の命に至ろうとする男の考えを勘ちがいとみなしています。そのイエスが永遠の命に至る道として善行を求めるはずがありません。

つまりマルコのテキストに沿って考えると、「欠けているもの」は貧者への贈与（施し）ではないということにならざるをえません。では「欠けているもの」とはいったい何なのか。

「欠けているものが一つある」というイエスの言葉を聞いた後の男の反応をみると、男はこの言葉によって相当なショックを受けたようです。最も痛いところ、決してさわってほしくないところを衝かれてしまった。そんな感じです。イエスはこの男の根本的な欠如（「欠けているもの」）を見破ってしまったわけです。

男は自分が善行のポイントをたくさんもっていることに関しては自信がありました。その勢いで永遠の命も入手できると思っていたのでした。ところが永遠の命を得ることは、実はこのようなポイント集めとは一切関係がありません。それは人が努力して入手するものではなく、何よりも神の側の働きかけによるものだからです。神の側のこの働きかけは、人間の側に起きる出来事としても語ることができます。それはひと言でいえば、神が愛であると実感することです。自分が神に全面的に愛されていると心の底から感じとるとき、その瞬間、人は永遠の命を与えられているのです。男は善行のポイントを集めることには熱心でしたが、この出来事に関してはまったく無縁だったようです。自分は永遠の命を得ていないと思ってイエスのところに来たのですから。

イエスは男とわずかな言葉を交わしただけで、この男にいま述べたような神との出会いが欠けていることを見抜きました。欠けているがゆえに、それだけ一層善行ポイントを集めることに熱心になっている。この男には生真面目さはあるが、神の愛にふれたときの喜び、温かみ、解放感の経験がない。イエスの慧眼は、この男の最深部にある現実を射抜いてしまったのです。

## 貧者への施しの命令

イエスは「あなたには欠けているものが一つある」という根本的な指摘をした後、貧者への施しを命じたのでした。この命令にはいったいどのような意味があるでしょうか。根本的な指摘の後でなぜ贈与（施し）が命じられるのでしょうか。そのことを考えるために、神との出会いと贈与（施し）の関係について述べておきます。

神は愛であると心の底から実感するとき、その人は困っている他人（たとえば貧者）に無関心ではいられなくなります。そこから善行が生み出されてくる場合もあるかもしれない。しかしそのようにして生み出される善行の質は、金持ちの男の善行の場合とはひどくちがいます。ところで人はどのようなときに「神は愛である」と実感するのか。

ひと言でいえば、窮地に追いやられた自分が、そこから神によって救出されるときです。窮地とは、今後の生の希望が一切見出せない状況です。人は愛する者を失うとき、自身の健康が決定的に損なわれるとき、あるいは長い年月かけて蓄積した財が一気に失われてしまうとき、絶望の淵に追いやられます。理由なき剝奪経験は人から希望を奪うのです。このとき人は、この世に秩序などはないという気分に深くとらえられます。ヨブがそうであったように。また自分という人間に深く絶望するときにも、人は出口なしの状況に追いやられます。自分を全面的に信頼してくれる人を裏切ってしまったとき、悔恨はその人をどこにも明りの見えない暗闇に閉じ込めます。

神と出会うという事件はこれらの暗闇において起こります。真っ暗闇の中にいて、どこからみてもあらゆる愛から疎外されているように思える自分が、あろうことか神の愛の中心にいることに気づく。この反転が「救出」の中心にある事態です。

この出来事によって人には力が与えられる。そして自分と同じように窮地に追いやられた人のことが気になって仕方がない。他人事ではなく思えてくるのです。このようにして気になって仕方がない他人に対し、具体的な行動が生み出されていきます。神の愛にふれると、困っている人への贈与（施し）が必然の行動として生み出されます。

神との出会いと贈与（施し）とのこうした関係を参照すると、男のふるまいの特徴が際立ちます。男はこれまでも善き行いとして貧者への贈与を行ってきたかもしれませんが、そこには神との出会いを基礎にもつダイナミックな動きが欠けています。贈与（施し）はこんこんと湧いてくる思いによってなされるというよりは、律法通りにきわめて冷静に行われたにちがいありません。

イエスは男に対し貧者への施しを命じました。それは、この施しによって、この男の善行の本質があらわになると考えたからにほかなりません。イエスの指摘（「あなたに欠けているものが一つある」）を聞いてしまった以上、男は、善行をすればするほど、その善行の中心に神がいないことを感じざるをえなくなります。このことを予感すれば、自分にはできないと思わざるをえません。これまで何の抵抗もなくしていた施しが、急に高いハードルに思えてきます。神との出会いという決定的な出来事の欠如が露呈してしまうのですから、それは当然です。男が「悲しみながら立ち去った」のも無理からぬ話です。

## 金持ちの男の困難

イエスは自身の発言に対する男の反応を見て、「財産のある者が神の国に入るのは、なんと難しいことか」と慨嘆します。この慨嘆は弟子たちを驚かせます。弟子たちは、当時の通念に従い、金持ちこそ神に喜ばれている人、と思っていたからです。エピソードの後半（一〇・二三―三一）は、驚いた弟子とイエスとの問答となっていきます。

イエスの言葉を手がかりにして、金持ちの男が抱える困難について語ろうと思います。先ほど神経験の一つの源泉が剝奪経験であることを確認しました。思い通りにならぬ理不尽な剝奪経験が反転し、「救出」がなされるのでした。イエスの目の前にいた金持ちの男は、豊かで恵まれた人であり、自分の人生の意味が問われる剝奪経験とは縁のなかった人のようです。もしヨブ的な剝奪経験がある人ならば、いの一番にそのことをイエスに尋ねたでしょうから。この人は剝奪経験の対極のような場所にいて、（生きることに真剣だったがゆえに）そこから永遠の命への道を問うたわけです。つまり「救出」が原理的に起こりえないしまた必要でもない場所に身を置き、そこから救出への方途を問うたということになります。この自家撞着的なありさまを見て、イエスは財産のある者が神の国に入るのは本当に難しいと慨嘆したのだと思います。

豊かで恵まれているということは、この世のさまざまな資源（財産、地位、名誉など）

をたくさん所有しているということです。所有するということは、依存することにほかなりません。たくさん所有する人は、それだけ多く、神ならぬもの（この世の資源）に依存しているわけです。当人がいかに真面目で生きることに真剣であっても、豊かで恵まれている人である以上、この状態、つまり神ならぬものへの依存を免れることはできません。イエスはこの金持ちの男を慈しんだのでした。そうであるがゆえに、イエスは、この男の困難を思わざるをえなかったのだと思います。

## おわりに

マルコ福音書に描かれた「金持ちの男」の話をもとに、この金持ちの男が抱える困難を明らかにしました。この男についてあれこれ考えていく途上で、やや唐突ですが、私の頭の中に有名な「種蒔き」のたとえの話（マコ四・一―九ほか）が浮かんできました。最後にこのことについて少しだけお話しさせていただきます。

「種蒔き」のたとえとは、蒔かれた種が道端、石地、茨の中、良い土地に落ち、良い土地に落ちた種のみが実を結んだという話です。イエスはこのたとえを説明し、道端、石地、茨の中、良い土地というのは、福音（種）を知らされた人の、その後の信仰態度のことを示していると語ります。道端に蒔かれるとは、福音を受け入れても、すぐにサタンがやってきてついばんでしまうような人のことを指す、というように（マコ四・一三―二〇）。

福音の種がすでに蒔かれている人たちは、この話を聞くと、「良い土地であれ」と勧められているような気になります。イエスの説明を聞いて、自分は道端になりたいと思う人はまずいないでしょう。「良い土地」になりたいと思うのが人情というものです。ところで、良い土地になりたいと思うことは、そのために何をすればよいだろうかと思うことと同じです。良い土地になりたいと思う人は必ずそのように考えます。サタンについばまれないように、あるいは根がない信仰と言われないように（石地）、この世の思い煩いに惑わされないように（茨の中）、注意しなくてはならない。そして何十倍かの実を結ぶ人にならねばならない。このように思って生きていくということになります。つまり信仰的に正しい歩みを続けるということです。

福音の種を蒔かれた人がこのように思って生きるとき、その人は何ほどか先の金持ちの男に似ていないだろうか。この人もまたあの金持ちの男同様、良い土地としての自分を正しい信仰態度の堆積によって手に入れようとしている。金持ちの男のことを熟知した私たちの目にはそのように見えます。

しかしこのたとえ話の最も重要なメッセージは、良い土地になるということではなく、種がこの世界の隅々にまで蒔かれているということに気づくことです。良い土地だけでなく、道端や石地や茨の中にも種（福音）は蒔かれているのです。神はあらかじめ土地の種類について吟味をしているわけではない。一切の土地が良い土地であるかのように、分け隔てなく種は蒔かれている。何という恵みなのかと思います。時間が経てば、たしかに差が出てきます。どの土地に蒔かれたものかは結果によってあらわになるのでしょう。しかし問題はその結果の話ではありません。そうではなく、福音の種が分け隔てなく、あらゆる人に蒔かれているというそのことが肝心のことなのです。この大いなる恵みに思いをいたすとき、自分が良い土地になるかならないかといったことは、些細なことに思えてくるのではないでしょうか。

自分が良い土地になろうと努力する人は、必ず金持ちの男と同じ困難を抱え込むことになります。そうではなく、むしろ、福音がすべての人に蒔かれているという事実に心底圧倒されること、これが大事です。この大いなる恵みに圧倒される度に、「神は愛である」との思いが心の底からあふれます。そしてそのことにこそ、私たちの希望があります。私たち自身のうちには希望の根拠はないからです。良い土地であるとは、正しい信仰態度で生きるということではなく、神の恵みに圧倒されつつ生きるということにほかなりません。問われているのは、正しい態度ではなく、神の恵みがいまの自分にとって本当に生きているか否かということなのだと思います。

# ヨセフの涙

創世記四三・二九―三〇

ヨセフは同じ母から生まれた弟ベニヤミンをじっと見つめて、「前に話していた末の弟はこれか」と尋ね、「わたしの子よ。神の恵みがお前にあるように」と言うと、ヨセフは急いで席を外した。弟懐かしさに、胸が熱くなり、涙がこぼれそうになったからである。ヨセフは奥の部屋に入ると泣いた（創世記四三・二九―三〇）。

## はじめに

創世記の終盤にヨセフという人物が登場します。この人はアブラハム、イサク、ヤコブと続く系譜の三代目ヤコブの子どもです。ヤコブには妻ラケル、レア、それに側女ビルハ、ジルパという四人の女性によって計一二人の（男の）子どもが与えられます。最愛の妻ラケルはなかなか子どもに恵まれなかったのですが、ようやくヤコブ一一人目の子どもとしてヨセフ、一二人目（末子）としてベニヤミンという二人の子どもを産みます。この一一人目の子ヨセフが今日の話の中心です。

創世記三七―五〇章で、このヨセフの波乱万丈の生涯が描かれます。その物語を読んでいくと、たびたびヨセフが「泣く」ないし「涙を流す」という描写が出てきます。数えてみますと、六回ほどあります。旧約聖書においても泣く人物はたくさん登場します。いま注目している箇所の少し前でも、長年敵対関係にあったヤコブとその兄エサウが和解し、「共に泣いた」のでした（三三・四）。エサウは長子権を弟ヤコブに取られたことがわかったときにも、「声をあげて泣いた」とされます（二七・三八）。これらのケースに限りません。「わたしの目は滝のように涙を流す」（哀三・四八）のような表現は、旧約聖書の中にいくつも見出すことができます。人前で涙を流したり、泣いたりすることが、男の沽券にかかわるといったカルチャーは、旧約世界にはないようであります。ずいぶんあけっぴろげな感じです。それでもヨセフのように繰り返し涙を流す人物は、ほかにいないのではないかと思います。それだけ過酷な人生を生きてきた人なのだともいえますし、そもそも彼自身とても感情豊かな人物だったのかもしれません。そのように言ってしまえばそれで終わりのような気もしますが、今日はもう一歩進んで、少しじっくりとヨセフの涙の意味を考えてみたいと思います。

関心の焦点は次のようなことです。

今日のように聖書のお話をするとき、ときに感極まって言葉に詰まってしまうということがあります。大学の授業で話しているときにはそのようなことはまったくないので、おそらくこうした感情の昂ぶりは、自らの信仰を語るという作業に特有のことではないかと思います。聖書のお話をするということは、自らの信仰を語ることにほかなりませんが、自らの信仰を冷静に、第三者的に語ることはできないのですね。自分にとって中心的なことにふれるとき、ときに感情があふれ出てくる。涙さえ出る。自らの狭い経験のみを根拠に判断することは危険ですが、信仰経験と涙には深いつながりがあるように思えてなりません。もしそうだとすると、ヨセフの涙に俄然興味が湧いてくる。ヨセフの涙が他人事だとは思えなくなります。ヨセフはいったいなぜ度々泣いたのだろう。その涙は私たちの経験と重なるのだろうか。重なるとすればそれはどの辺りか。こうした関心に基づいてヨセフの涙に接近してみようと思います。思いのほか私たちの近くにいるヨセフを発見できるかもしれません。

## ヨセフ、カナンからエジプトへ

ヨセフの涙について考えるためには、彼の人生そのものを一通り知っておかなくてはなりません。そこで最初にヨセフの生涯を簡単に振り返っておこうと思います。そしてその生涯のどのような場面で彼が泣いたのかをテキストの上で確認しておきたいと思います。

ヤコブは最愛の妻ラケルの産んだ子ヨセフをとても可愛がっていたようですが、そのあまりの偏愛を異母兄たちは妬ましく思っていました。ヨセフ当人も、「聞いてください。わたしはこんな夢を見ました。……兄さんたちの束が周りに集まって来て、わたしの束にひれ伏しました」などと臆面もなく言うタイプだったものですから、兄たちの怒りはボルテージを上げます。そしてとうとう、この憎たらしいヨセフを殺してしまおうという話になります。殺害後、穴に埋めて野獣に食われたという話にしてしまえばわかりはしない。ずいぶんひどい思いつきのようにも思えますが、ヨセフと兄たちの関係はそれほどまでに抜き差しならぬものになっていたのでしょう。この残忍な殺害計画は、長子ルベンの「血を流してはならない、手を下してはならない」という判断によって取りやめになります。そして穴に放り込まれたヨセフは隊商に拾われ、兄たちの知らぬ間に結局エジプトに奴隷として売られてしまいます。ヨセフがまだ十代の頃のことでした。事情を知らぬ兄たちは、行方不明になってしまったヨセフの着物を雄山羊の血に浸し、偽装工作をします。父ヤコブはその着物を見て、ヨセフは野獣に食われたのだと思い込み、悲嘆に暮れます。

ここまでがカナンの地での話で、ここから場面がエジプトに変わります。奴隷ヨセフは、エジプトの地で侍従長ポティファルに買い取られます。ヨセフはそこで主人の大きな信任を得、全財産の管理を任せられるようになりますが、美男ヨセフを誘惑することに失敗したポティファルの妻が、腹いせで策略をめぐらしたため、ヨセフは無実の罪で投獄されてしまいます。投獄されたヨセフは、（いろいろな経緯の果て）最終的にファラオの夢解きをして出獄し、政策決定（飢饉対策）に大きな貢献をします。そのことを主たる理由として、（奴隷の身分でありながら）「宮廷の責任者」となります。「ただ王位にあるということでだけ、わたしはお前の上に立つ」あるいは「お前の許しなしには、このエジプト全国で、だれも、手足を上げてはならない」とファラオから言われるわけですから、実質的には宰相の地位に就いたといってよいと思います。

### 六回の涙

ヨセフの涙が出てくるのは、ここから後です。飢饉で食糧難に喘いでいたヤコブの家族のうち、ベニヤミンを除く一〇人の息子たちが食糧を求めてエジプト、つまり弟が宰相の地位に就いている国にやって来ます。そこでヨセフに会い、食糧の手配をしてもらいます。ヨセフは彼らがだれかすぐに気づいたものの、兄たちは目の前の人物が弟ヨセフだとは想像すらできない。ヨセフは彼らにスパイの嫌疑をかけ、人質をとり、末弟（ベニヤミン）を連れてきたら人質を解放する、と言い放ちます。ヨセフは実の弟ベニヤミン、それに父ヤコブに会いたいのです。降りかかってきた難題に困り果てた兄たちは、「我々は弟（＝ヨセフ）のことで罰を受けているのだ」と言い、また殺害を図ったことを思い出し、「（弟の）あれほどの苦しみを見ながら、耳を貸そうともしなかった」などとこもごも語り合います。それを傍らで聞いていたヨセフは、「彼らから遠ざかって泣いた」（四二・二四）。これが、ヨセフが最初に泣いた場面です。

兄たちは提示された条件をのんで、いったんカナンの地に戻り、そこで時を過ごしますが、飢饉が激しくなり、またもや食糧を求めて、今度はベニヤミンを連れてエジプトに行きます。一行と会見したヨセフは、生き別れになっていた弟ベニヤミンの顔をじっと見つめ、「これが末の弟か」と尋ねたりしているうちに感極まり、奥の部屋で落涙します（四三・三〇）。これが第二の涙です。冒頭に掲げたのはこの場面です。

食糧を得た一行は帰途につきますが、ヨセフがあらかじめ仕組んだ罠によって旅の途中でエジプトに戻らざるをえなくなります。ベニヤミンが銀の杯を盗んだ犯人に仕立て上げられたのです。兄たちが罠と知らずに誓ってしまったとおり、犯人はエジプトで奴隷にならねばならない。こういう次第で戻ってきたというわけです。ベニヤミンとどうしても別れたくなかったから、ヨセフはこうした罠を仕組んだのです。戻ってきた一行は、そこでヨセフと面会します。その折、兄のひとりであるユダが、ベニヤミンをカナンに連れて帰らねば父ヤコブは悲しみのあまり死んでしまう、と切々と訴えます。この衷心からの訴えを聞いて、ヨセフはこらえきれなくなり、とうとう自分がだれであるかを彼らに明かします。そのとき「ヨセフは、声をあげて泣いた」(四五・二)。三回目の涙です。

この涙の後、ヨセフは兄たちに向かい、注目すべき発言をします。私を売ったなどと自らを責めないでほしい。私がここにいるのは、神が私を遣わしたからだ。あなた方を飢饉から救うために神は私をあらかじめ送り込んだのだ。「わたしをここへ遣わしたのは、あなたたちではなく、神です」(四五・八)。この発言の後、ヨセフは父ヤコブをカナンから連れてきて一緒にここエジプトで住もうと提案し、ベニヤミンや兄たちと抱き合って泣きます。これが四回目の涙です。この後、「兄弟たちはヨセフと語り合った」とあります。夜が更けるまで話は尽きなかったのでしょう。

五回目の涙は、ヨセフの提案に従ってヤコブがエジプト・ゴシェンの地にやって来たときのことです。年老いた父に数十年ぶりに再会したヨセフは、「父を見るやいなや、父の首に抱きつき、その首にすがったまま、しばらく泣き続けた」(四六・二九)。ヤコブの一族はその後エジプトに定住し、ヤコブ自身もそこで亡くなります。その盛大な葬儀がカナンで行われた後、エジプトに戻ってきた兄たちは心配になります。これまでは父親がいてヨセフを抑えていたからよかった。父が亡くなった以上、ヨセフは何の遠慮もなく自分たちに仕返しをするだろう。昔のことをまだ恨んでいるにちがいないのだ。このような危惧を抱いた兄たちは、人を介してヨセフに、父ヤコブが生前ヨセフに向けて次のようなことを言っていたと伝えてもらいます。「兄たちはお前〔＝ヨセフ〕に悪いことをしたが、どうか兄たちの咎と罪を赦してやってほしい」。つまり兄たちは父がそれほど心配していたと伝えることを通して、何とかヨセフに仕返しを思いとどまってもらおうとしたわけです。兄たちはヨセフを相当に恐れていました。仕返しを予想したのも、直接談判せずに人を介して話をもっていったのも、その表れです。兄たちからの伝言を聞いたヨセフは、その場で涙を流します（五〇・一七）。これが最後、六回目の涙です。ヨセフは自分にひれ伏す兄たちに対し、恐れる必要がないことを優しく説き、庇護を約束します。その後ヨセフは一族とともにエジプトに住み、その地で人生を終えました。

## 自分の嘆き・喜びで泣く

ヨセフの生涯の概略をお話ししてきました。いま見ましたように、ヨセフはたびたび泣きます。ヨセフの涙の意味をじっくり考えるというのが、本日のテーマでした。そのことのために、ここで、泣くことについての一般的な理解を参照することにしましょう。

泣くという反応を「泣く理由」に注目してながめてみます。人はなぜ泣くのか。人が泣く理由はむろんさまざまです。それらをやや強引に、あえて大きな括りでとらえてみると、人が泣く理由は、大きく二つのグループに分かれるのではないか。一つは「自分」に関連する理由で、もう一つは、「自分を超えた秩序」に関連する理由です。

第一のグループから説明します。ひどく辛い目、理不尽な目に遭った人はしばしば涙ぐみます。先ほどの哀歌の例ではありませんが、「わたしの目は滝のように涙を流す」という場合もあるかもしれません。このようなとき、人は自分がひどくみじめで小さく、情けなく思えて泣けてくるわけです。嘆きの涙です。あるいは逆に、これ以上ないほどに喜ばしい経験の当事者が、感極まって泣く場合もあります。幸福の絶頂にある花嫁が泣くというのは、このケースだと思います。要するに人が涙を流すのは、「自分」が度外れてみじめだったり、幸せだったりと思えるときです。適度にみじめだったり、適度に幸せだったりしているときは、ここまではいかないのですが、「みじめ」や「幸せ」の度合いが並外れていると、人は反応を自分の身体内にとどめておけず爆発してしまうのだと思います。日常語でいう「悔し涙」や「うれし涙」は、この種の涙でしょう。

うれし涙のうち、際立つのは、他者との和合に関するものです。すばらしい仲間との共同体験、あるいは敵対していた他者との突然の和解などによって感極まるといったことは、だれにでもある経験だと思います。TVで見る高校野球の選手たちは、勝っても負けても涙を流します。彼らのうれし涙の中には、多少ともこの「他者との和合」の成分が含まれているように思います。「このすばらしい仲間と三年間一緒にプレーできて幸せです」。彼らはほとんど紋切型のようにこうした言葉を口にしますから。

以上が、「自分」に関連する理由で泣くことについての説明です。

## 自分を超えた秩序の経験

第二のグループの話に移ります。先に「自分を超えた秩序」に関連する理由で泣く、と述べたグループです。

悔し涙とかうれし泣きといった第一のグループに関連することは、ごく卑近な経験ですが、泣くという反応には、実はもう一つの系列があります。これも日常生活の経験を振り返れば、だれでも多少は思い当たるのではないかと思います。音楽を聴いていて、なぜかわからぬが激しく揺さぶられ、涙ぐんでしまう。心が深く動かされ、感極まってしまうという経験です。この場合も、感動の度合いがさほどでもない場合は、こうはなりません。「いまの演奏、なかなかよかったね。感心した」と言い交わすくらいでしょう。ところが心揺さぶられる程度が通常の水準をはるかに超えてしまうと、反応を自分の中にとどめておくことができません。泣くというかたちで爆発してしまいます。

この反応においては、自分のみじめさや幸福が問題となっているわけではありません。むしろそういう現実の自分から離れるという点がこの経験の特徴です。感極まった人が経験しているのは、その音楽の中に、現実とは思えないほどの調和ないし秩序を感じとるという経験ではないかと思います。この世ならぬ秩序といった感じでしょうか。この人は自然界の秩序や社会の秩序を構成する一員ですが、いっとき社会や自然界におけるそのポジション（つまり「自分」です）を離れ、音楽が作り出すこの世ならぬ秩序の中に身を置いているのです。自然や社会の秩序とは質を異にする「音楽によって作り出される秩序」の当事者となったわけです。その秩序のリアリティに圧倒され、そこから泣くという反応が生まれてきます。

この世ならぬ秩序の中に身を置くと、なぜ泣くという反応が出現するのか。その詳しいメカニズムはよくわかりませんが、ただ大事なことは、この目に見えぬ「自分を超えた秩序」の当事者になることが、その人の感情のキャパシティをいっぱいにしてしまうということ、そしてそのことが泣くという反応につながるのだということです。感情の昂ぶり（心揺さぶられること）がその人の許容量を超えてしまい、泣くという反応が生まれてくる。この辺りの事情は、第一のグループつまり自分中心の涙と同じです。

冒頭で信仰経験と涙の関係についてふれました。信仰生活において感極まるあるいは涙を流すというのは、この第二のグループに属する経験だろうと思います。この場合は、音楽が作り出す秩序ではなく、神の支配、神の秩序が問題です。自分自身が神の秩序の中にたしかにいる、自分は神の秩序の当事者だ、そう感じられるとき、感情があふれ出すのではないか。神の秩序の当事者になるとは、要するに神に愛されるということです。神の愛の秩序の一員である。そのことがリアルに感じられるとき、感極まる。なぜそうなるのか。それはその人において、人間は神の愛に値しないと感じられているからだと思います。神の愛に値しない人間が、どうしたわけか神に愛されている。このことを知って感情があふれ出すのだろうと思います。

## ヨセフの涙・その一

これまでの話を一応頭に入れたうえで、ヨセフの涙に戻ります。

わかりやすいのは、兄たちが連れてきた弟ベニヤミンの顔を見たときの涙（二回目の涙）、および父ヤコブと再会したときの涙（五回目の涙）です。これらはいずれも、本当に会いたかった相手にようやく会えたときの喜びの涙です。とうていかなわぬと思っていた再会がいま実現した。これ以上ないほどの幸せがヨセフの心をいっぱいにします。その思いがあふれて涙となったのでしょう。

そのほかの涙はどうでしょうか。ヨセフが兄たちの「我々は弟のことで罰を受けているのだ」いう発言を聞いて泣いたとき（最初の涙）、彼は兄たちが自分を殺そうとしたこと、捨てたことをずっと気にしていたことを知ったわけで、そのことで心が動いたわけです。ヨセフはこのとき、思いもよらぬかたちで兄たちとの和合（という幸せ）を経験したといえそうです。同じ種類の涙は、自分の身を明かした後、ベニヤミンや兄たちと抱き合って泣き、語り合った場面（四回目）にも現れます。ヨセフと兄たちとの経緯を考えると、語り合うという行為は、和合を前提にして初めてなされわけです。ですからこの涙も和合の涙といってよいと思います。ヨセフは自分の身を明かしたそのときにも泣きますが（三回目）、そのときは父ヤコブの悲嘆を心配したユダの訴えが引き金となっています。父を思う心情の濃さにほだされたのかもしれませんし、父の悲嘆そのものがリアルに迫ってきたのかもしれません。兄たちや父の思いに自らを重ねるという意味で、この涙も和合に起因する涙といってよいと思います。以上三つのケースでは、突如現れた他者との和合の幸せがあまりに大きく、その喜びがあふれ出して涙となってしまったわけです。

こう考えると、一回目から五回目までの涙は、いずれも第一のグループに属するといえそうです。しかも嘆きの涙ではなく、うれしさや喜びが横溢する涙です。しかしこれらの涙は、第二グループとも無縁ではありません。そしてこの点にこそヨセフという人に独特な点があります。

先に三回目の涙に関連して、ヨセフが「わたしをここへ遣わしたのは、あなたたちではなく、神です」と発言したことに注目しました。ヨセフが殺されそうになったこと、そしてそれがきっかけでエジプトに売られたこと、その責任は偏《ひとえ》に兄たちにあります。兄たちがヨセフをエジプトに追いやったのです。しかしここでヨセフは、いやそうではないのだ、と主張します。真の主体は神だ。神の御手が働いてことはそのようになった。私がエジプトに来たのは、実は神に遣わされた結果にほかならない。このように述べることによって、ヨセフは神が歴史に介入することの現実性を兄たちに訴えているわけです。真の主体である神の介入を認めるということは、人生途上のあらゆる出来事が神の秩序内の出来事でもあると認めるということです。あらゆることに神の愛を見出すということです。三回目の涙はたしかに和合の喜びの涙ですが、同時にその涙には「自己を超えた秩序」に由来する涙の成分も含まれていることになります。

ヨセフという人が神の働きをこのように受けとめている以上、いま述べたことは、当然他の涙についてもあてはまります。ベニヤミンや父ヤコブに会えたことも、兄たちとの和合もそれ自体としてうれしく喜ばしいことですが、そうであればあるほど神への感謝があふれるという構造になっています。自分が喜ぶというその経験が、同時に神の秩序の経験なのです。自分にとってうれしく喜ばしいことが、同時に神のみわざを実体験することでもあり、心揺さぶられる経験なのです。ヨセフの喜びの涙には、「自己を超えた秩序」に由来する涙の成分が必ず含まれています。

## 怯える兄たち

五回目までの涙についてはいま述べた通りですが、六回目の涙は少し様子がちがいます。ヨセフはこのとき、兄たちが自分の仕返しを心から恐れていることを知り、涙したのでした。兄たちは怯えに近い感情をもっているわけですから、この涙は和合に起因する涙ではありえません。うれしさや喜び一般とも無縁でしょう。では嘆きの涙という理解はどうでしょうか。ヨセフは兄たちに対し相対的に優位な立場に立っているわけですから、自らのみじめさを嘆く理由がありません。むろん、兄たちをそのように怯えさせる自分を嘆くという可能性もないわけではない。高い道徳的理想をもつ人物ヨセフが、他人を怯えさせる自分はとんでもない奴だと反省する。たしかにこの可能性はゼロではありませんが、少々無理がある想定のように思えます。それに仮にそのことを嘆いていたとしても、それは涙からは遠い嘆きのようにもみえます。

ヨセフの最後の涙の場面を読んでいて驚かされるのは、兄たちの姿です。兄たちはそこで弟ヨセフを恐れる者たちとして登場しますが、彼らは、ヨセフが自分の身を明かした後で、ベニヤミンも含めてみんなで抱き合って泣き、夜更けまで語り合った人たちではなかったか。この「抱き合って泣く」とか「語り合う」とかの身ぶりは、ふつうは、これまでの経緯《いきさつ》は水に流し、新たな関係をつくりだす第一歩の意味をもちます。なのに兄たちは怯えを払拭することはできなかった。このことは問題が相当に根深いことを暗示しているように思います。ともかくこの予想外のことを知らされ、読む側はとても驚きます。

兄たちの怯えは、現実的根拠を欠いたものだったのでしょうか。恐れる必要などまったくないのに、勝手に恐ろしいヨセフ像を作り上げ、そのイメージに恐怖したのでしょうか。テキストに従う限り、そう解せないこともありません。何といっても、兄弟たちはみな抱き合って泣いたのですから。それに兄たちを怯えさせるようなふるまいをするヨセフは、テキスト上には登場しない。神に従って和解を申し出た弟が怖いはずがない。ですが、このようなケースで、一方の当事者がまったくの思い込みで怯えに取りつかれるなどということは、実のところ、考えにくい。兄たちは病気ではない。妄想とともに生きているわけではないのです。

となると、こう考えざるをえない。兄たちが怯えているのは、彼らにそう思わせるような何かをヨセフが発散していたからだ。もう少しはっきりいえば、ヨセフは兄たちを真に赦してはいないからなのです。だからこそ兄たちは恐怖した。ヨセフはたしかに「わたしをここへ遣わしたのは、あなたたちではなく、神です」（四五・八）と述べ、兄たちを恨んではいないと宣言しました。彼はこのとき、本当にそのとおりと思って述べたわけで、そこにはウソ偽りはありません。だからこそ「自己を超えた秩序」に由来する涙を流したのです。ただその後時間が経過する中で、兄たちの側はその言葉通りでないヨセフの現実を嗅ぎとってしまった。優しい言葉の奥底にギラリと光る刃を見出してしまったのです。このような次第で兄たちは弟の仕返しを恐れるに至りました。ですから次のように考えるべきなのです。兄たちの怯えは思い込みの所産ではなく、むしろヨセフその人の心的態度を示す証拠なのだ、と。兄たちが怯えているという事実は、ヨセフが真に赦していないという、外側からはなかなか見えにくい真実を端的に示してくれるデータなのです。

## ヨセフの涙・その二

いま「外側からはなかなか見えにくい」と述べました。この事態は外側から見えにくいだけではなく、ヨセフ当人にも見えなかった可能性があります。ヨセフは「わたしをここへ遣わしたのは、あなたたちではなく、神です」と述べた当人です。彼自身は、あなたたちを恨んでいない、というその言葉通りの現実を生きていると思っているにちがいありません。「兄たちを真に赦してはいない」とはこれっぽっちも思っていない。そうだとすると、兄たちが自分のことを心から恐怖しているという現実を知って、ひどくショックを受けたにちがいありません。と同時に、兄たちをそのように怯えさせてしまった自分の現実、つまり兄たちを真に赦してはいないという現実にも目を開かれたにちがいありません。

ヨセフは兄たちからの伝言を聞き、涙を流します。それからしばらくの後、ヨセフのもとに来てひれ伏す兄たちに「あなたがたはわたしに悪をたくらみましたが、神はそれを善に変え、……」と言い、「どうか恐れないでください」と語りかけます（五〇・一九―二〇）。そして一族の庇護を約束します。その後のエピソードが何も書かれていないところをみると、ヨセフのこれらの言葉は兄たちの心に届いたようです。兄たちはようやく怯えから解放されたと考えてよいでしょう。

兄たちの「怯え」から「怯えからの解放」に至るまでの道筋の途上に、ヨセフの六回目の涙を位置づけることができます。ヨセフは兄たちの発言から、自らの深い闇に気づかされたのでした。自分は心から兄たちを赦してはいない。しかしヨセフはその深い闇に佇んではいません。彼には先の五回の涙で示されたような恵みの経験があります。喜びのプレゼントを与えてくれた神への信頼が、リアルなものとしてあります。だからヨセフの場合、自身の闇に気づかされることは、同時に、そのような自分であるにもかかわらず恵みを与えてくれる神の圧倒的な愛に気づくということでもあるのです。自らの闇を突きつけられることは、同時にその闇からの救済の経験でもある。これがヨセフの経験の構造だと思います。自分の人生に対する神の関与に圧倒され、自分自身が神の愛のうちに置かれていることに心底驚かされる。このようにして六回目の涙があふれたのだろうと思います。

## おわりに

このように見てくると、ヨセフの涙は全体としては、神の秩序に関係している点にその特徴があることがわかります。ヨセフの涙は明らかに信仰の涙なのです。神の秩序のうちにいることが深く実感されるときに、あふれ出す涙です。ヨセフは神の秩序のうちにいることに敏感に反応する人だといえそうです。そのヨセフの涙に触発されて、最後にひと言一般的なことを述べておきたいと思います。

最近詩編を読んでいて、「命のある限り／恵みと慈しみはいつもわたしを追う」（詩二三・六）という箇所に目が留まりました。二三編全体がそうであるように、この箇所も、私の人生にはつねに恵みと慈しみが伴っている、という神への賛美を表明しています。

ここで「追う」という言葉が使われている点が、大変興味深い。恵みと慈しみが私を「追う」とは、実人生と恵み・慈しみの間にタイムラグがあることを示唆しているように思います。苦境のただなかにいるときには恵みや慈しみはなかなか見えない。自分は愛されていないとしか思えない。それが人間の真実だと思います。ヨセフも殺されそうになったり、奴隷として売られたり、異国で投獄されたり、といった苦難の連続の人生を歩んできました。そういう苦難の最中には、自分は親からも兄弟からも土地からも離されて、惨憺たる生涯だ、神は少しも私を見てくれない、と思っていたにちがいありません。そのときには、恵みと慈しみはまだ追いついていないのです。何十年も生き別れになっていた兄弟に出会うという信じがたいことが起こって、初めて「わたしをここへ遣わしたのは、あなたたちではなく、神です」と語れるようになります。ここで恵みと慈しみが追いつくわけです。この段になって初めて、神の秩序のうちにいることが圧倒的なリアリティで自分に迫ってくる。

繰り返します。苦境のただなかにある人は、自分が本当に愛されているということをなかなか実感できません。混乱の極みに置かれているわけです。何がなんだかわからない。右に行ったらよいか左に行ったらよいかまったくわからない。嵐のようなその苦境が去ったり、一段落したときに初めて神の恵みと慈しみが姿を現します。「ああ、そうだったのか」というかたちで神の恵みや慈しみは現れてくるのです。こうした事態を指して詩編は「追う」と述べているのではないか、と思います。

苦境の中にいるとき、人はまったくのお手上げ状態ですが、そのときどうやって嵐を耐えるのか。かつて神が示してくれた恵み・慈しみを繰り返し思い返すことによってではないかと思います。「わたしは主の御業を思い続け／いにしえに、あなたのなさった奇跡を思い続け／あなたの働きをひとつひとつ口ずさみながら／あなたの御業を思いめぐらします」（詩七七・一二―一三）とあります。こういうことを通して、かつてほんとうに愛されていたということが、柔らかな思い出として蘇ってきます。そのことを思い返しながら苦境に耐えているのだと思います。そういうことを繰り返しながら、私たちは人生を生きているわけです。

ヨセフにおいてそうであったように、神の恵みはどのようなかたちでやってくるかはわかりません。神の恵みと慈しみが追いついたときには、ヨセフ同様、心の底からそれを喜ぶ者でありたいと思います。

# 右の手のすることを左の手に知らせてはならない

マタイによる福音書六・二―三

「だから、あなたは施しをするときには、偽善者たちが人からほめられようと会堂や街角でするように、自分の前でラッパを吹き鳴らしてはならない。はっきりあなたがたに言っておく。彼らはすでに報いを受けている。施しをするときには、右の手のすることを左の手に知らせてはならない」（マタイによる福音書六・二―三）。

## 謎めいた言葉

表題に掲げましたイエスの謎めいた言葉が本日の主題です。

マタイによる福音書六章一節から一八節までは、「施し」「祈り」「断食」という三つの重要な宗教的な行為について、人に見せるためにそれをするな、という戒めが語られています。「人の前で善行（施し）をするな」、「祈るときは部屋に入って祈れ」、「断食をするときには、身ぎれいにしてそれと気づかれないようにせよ」。神は隠れたところで行われる所業をよく見ていて、それに応じた報酬を与えるのだから、人にほめられるかどうかなど気にしないようにせよというわけです。

その一連の流れの中、施しについて語られるところ（一―四節）に、「右の手のすることを左の手に知らせてはならない」という言葉が置かれています。この戒めのすぐ後で、「あなたの施しを人目につかせないためである」とその理由が語られます。「右の手のすることを……」は「人の目を回避すること」とほぼ同じ意味であるようです。だから、ある英訳は「右の手のすることを……」のところを「最も親密な友人にも知らせないようにせよ」と意訳していますし、岩波書店版の訳でも、その箇所を解説して「最も近しい者たちにも、知らせるには及ばない、の意」と脚注をつけています（新約聖書翻訳委員会訳『新約聖書』岩波書店、二〇〇四年、九一頁）。

もう少し詳しく言います。問題の箇所の原文を直訳すると、「左の手は、右の手のすることを知ってはならない」となります。「右の手」が施しをする側を表すとすると、「左の手」はそれを見ている側です。見ている側つまり他人が施しの行為そのものを知るな、ということです。当事者以外の人間は知るな、というわけです。この箇所全体としては、施しをする側への命令になっているので、それに合わせて、新共同訳では他人への命令ではなく、施しをする側（右の手）への命令というかたちにしたのだと思います。

ともかく、文脈からいっても、イエスの言葉の接続具合からいっても、「右の手のすることを左の手に知らせてはならない」は、「他人に知られないようにせよ」の意味以外にはないようにも思えます。それはたしかにそうなのですが、それにしてもなぜこのように一風変わった表現をしたのでしょうか。そのことが大変気になります。正直言って、「右の手のすることを……」のフレーズは、一読、何を言っているのかよくつかめません。よくわからないからこそ、意訳したり、脚注をつけたりといった努力がなされるわけです。もし「他人に知られないようにせよ」ということなら、そのように書けばよいのだと思います。そうではないのですから、ここには何か固有の意味があるのではないか。右の手とか左の手といった言葉を使った表現には、これらの言葉でしか言い表せない何かがあるのではないか。そのようにあたりをつけて、ここではこの独特の表現の方に少しこだわってみたいと思います。この表現に隠されている意味を探りあてるつもりで、話を進めていきたいと思います。

### 身体の動きとして考える

この言葉を文字通り身体の動きそのものとして理解してみましょう。ふつうは、右の手のすることを左の手が知らないなどということはありえません。右の手も左の手もその人の意識に従って動いているわけで、その限りでは、左の手は右の手の動きを知っています。そうでなければ服を着ることもできないし、料理を作ることもできない。ただ、トレーニングをたくさん積んだ結果、身体の動きがまったく自動化されることはよくあります。すぐれたアスリートは、試合の最中、自分の身体の動きを逐一意識するなどということはしていないはずです。野球の打者は、目の前に来たボールを強い力で叩くだけです。右のグリップがどうの、左の脇の締りがどうのなどといったことは考えない。それでも身体は自然に動いていく。このようなとき、右の手の動きを左手は知らない、という表現が似合いそうな事態が成立しているように思えます。

アスリートに限りません。私たちのような一般人でも、長年親しんだ身体の動きは自動化されています。それに気づくのは、事情が変化してこれまでとは異なる身体の動きを要求されるときです。私はマニュアルの車（MT車）に何十年も乗ってきましたが、つい最近オートマチック車（AT車）に替えました。AT車は手足の動きが少なくて済むのですが、まだそれに十分慣れていないせいでしょうか、何かの拍子についMT車用の身体の動きが出てしまい、手が泳いでしまうことがあります。これなども熟練に伴って生じてくる身体の動きの自動化の例です。

熟練の結果身体が自然と動く。そのときその人自身の意志はスキップされています。左手の動きと右手の動きが意志によって統御されていない。右の手の動きを左の手は知らないわけです。こういう事態が「右の手の動きを左の手が知らない」ということだとすると、イエスの命令は、これと同じことを施しにおいて実現するよう求めていることになります。つまり施し自体がその人の意志をスキップしてしまう。そうしたことが求められているように思います。知らぬ間にそれが起きる。そのことが求められている。「右の手のすることを……」の命令の意味を文字通りとるなら、そうとしか考えようがない。

だからここでの戒めは、他人に見られるところでするな、という内容よりもはるかに徹底的です。後に続く「祈り」や「断食」については、このようなことは書かれていません。それらについては、他人の視線を意識してするな、ということだけです。祈りや断食は本来個人的行為なのだから、人に見せつけてはならぬ、というわけです。他方施しは相手のある行為（社会的行為）ですから、施しを受ける相手には必ず気づかれてしまう。ただそれを第三者が知る必要はない。それゆえ第三者に知られぬようにそれを行え、というところまでならよくわかります。ただここではさらにその先が命じられているわけです。「他人の目につくところでするな」ではなく、「自分が知らぬ間にそれを行え」と言われているのですから。

熟練した身体運動ならともかく、施しを「知らぬ間に」行うことなど可能だろうか。ここで施しというのは、一方から他方への金銭その他の授与のことです。金銭その他の授与が当事者の意志決定をスキップするなどということは、実際の話としては考えにくい。知らぬ間にお金が他人の手に渡っていたというのは、振り込め詐欺などの犯罪の被害者を別にすれば、現実の話としては起こりそうもない。金銭を相手に与えるのは、まぎれもなく意志してそれを行うからです。

## 贈与に話を広げる

施しを文字通り金銭その他の授与と考えると、話はこれ以上先に進まない。「知らぬ間に」行うということに込められた意味を最大限汲み取ろうとするなら、視野を少し広げた方がよさそうです。以下では「施し」を自らの一部として含む「贈与」一般に話を広げてみたいと思います。

贈与というと、生前贈与とか贈与税といったことが思い浮かんできて、やや硬い言葉ですが、ここでは、人に「与える」こと一般を指す広い意味の言葉として考えています。「与える」内容はさまざまです。モノを与える（クリスマスプレゼントや誕生日プレゼント、お中元やお歳暮など）、食事を与える（おごること）、情報を与える（教えてあげること）、お金をあげる（お年玉など）などです。あるいは誰かのために何かをしてあげること、たとえば高齢の人のために代わって荷物をもってあげる、といったこともここでいう「与える」に含まれます。荷物をもつというサービスを相手に贈与していると考えるわけです。贈与が贈与であるポイントは、与える人がそのことへの代金を相手から受けとらないという点にあります。代金を受けとってしまえば、単なる経済行為です。対価を受けとらないことが、贈与が成立する条件です。

むろん後で述べるように、この意味での贈与も、実際は相手から何かを受けとります。この間はこちらが払ったのだから、今回は堂々とおごってもらう。餞別を渡したのだから、お土産の一つももってきてくれるかもしれない。こうした判断はみな贈与への「お返し」への期待です。あるいはこちらのする贈与そのものが、お返しにあたるものかもしれません。快気祝いや内祝いの例を考えればわかります。贈与に対しては必ず返礼があること、それがこの世のルールです。ただ経済的な交換と異なり、この交換は等価交換というわけではありませんし、またお返しの期限についても厳密な定めがあるわけではありません。

ともかくここから先の話は、贈与についての話ということになります。繰り返しになりますが、ここでいう贈与とは、人に何かしてあげることを含む、「与える」こと一般を指す言葉です。

## 「知らぬ間になされる贈与」と福音書

問題をもう一度確認しておきましょう。当事者が知らぬ間になされる贈与とはいったい何か。これがここで問題にしようと思うことです。

それと自覚されることなくなされる贈与について聖書が記しているところがあります。マタイ福音書二五章三一―四六節です。人の子が再臨してすべての民を祝福される者と呪われる者とに振り分けるという箇所です。祝福された者たちに対して、人の子は「お前たちは、わたしが飢えていたときに食べさせ、のどが渇いていたときに飲ませ……」と言ってほめる。言われた方は心当たりがないので、「わたしたちがいつそのようなことをしたのか」と尋ねると、人の子（王）は、「わたしの兄弟であるこの最も小さい者の一人にしたのは、わたしにしてくれたことなのである」と答えた。ここで祝福されている人々は、相手が人の子と知らずにたくさんの贈与をしました。この場合、相手がだれであるかは本当のところは知らなかった。知らずに贈与したわけです。ですが、当然のことながら、自分が贈与したこと自体ははっきりと知っていました。ですので、彼らの贈与は、ここでいう「知らぬ間になされる贈与」にはあたらないと思います。ここで問題にしているのは、贈与の当事者もそれが贈与だとは気づかない贈与のことなのですから。

いま見たマタイ福音書の記事は、それと自覚されない贈与の典型のような話なので、これさえもがここでいう「知らぬ間になされる贈与」にあたらないとすると、いったい「知らぬ間になされる贈与」なるものはどこにあるのか。

## 「知らぬ間になされる贈与」はどこにあるのか――Mさんの事例

抽象的に考えると行き詰まってしまいそうなので、話を具体的にします。

私は勤務先の大学で聖書研究会を主宰しています。その会は学生だけでなく、教員や一般市民も入っているのですが、そのメンバーの一人にMさんという年配の女性がおられます。数年前からのメンバーで、現在は私たちの会にとってなくてはならぬ人になっているのですが、ここに至るまでに相当な紆余曲折がありました。

Mさんは、最初に会に来られた時、聖書を読みたい、神の本質が知りたいと言われる一方で、UFOや超能力、超常現象、宇宙人の話を熱を込めてされるので、集まった者一同、相当困惑してしまいました。聖書を読もうと祈りをもってみなさんが静かに集まっている場所で、UFOや宇宙人を語る怒濤のような言葉が繰り出されるわけです。これはかなわないと思い、何回目かのときに、とうとう、私の方から、お引き取り願えませんかと申し出たのです。こういう経験は私にとっても初めてのことでした。夏休み前にそういうお話をしたところ、Mさんはとても従順な方で、それ以降は参加されなくなりました。

それで夏休みに入ったのですが、夏休み中に、これでいいのかという思いが私の中で湧いてきました。聖書を読みたいと言って来た人を、自分たちの秩序が壊されるからという理由で排除してよいものだろうか。それは聖書的であるといえるか。イエスは「疲れた者、重荷を負う者は、だれでもわたしのもとに来なさい。休ませてあげよう」（マタ一一・二八）と言っているではないか。聖書を読む者たちが聖書に書いてあることと正反対のことをしてよいのか。それで本当に聖書を読んでいるといえるのか。こういう思いがあふれてきたので、夏休み明けにもう一度Mさんと会い、失礼をお詫びするとともに、また参加していただいて結構ですと伝えました。ＵＦＯの話はご遠慮いただくとか、私の制止には従ってもらうとか、いくつかの約束はしてもらいましたが。

今から四年前の出来事です。それ以来その方はとても喜んで参加しておられます。聖書についてみなさんと話すことやその場にいることが大好き、というオーラが全身から発散されている感じです。ときにとてもシビアな質問をされることがあります。「ゲッセマネで『この杯をわたしから過ぎ去らせてください』とイエスは祈ったと書いてあるけれど、いったい誰がそのつぶやきを聞いたのですか。小さな声の祈りがほかの人に聞こえるものかしら。これを書いた人が脚色したのではないか」といった質問です。ともかく縦横無尽にいろいろな問いや意見を出されるので、場が活気づくことこの上ないのです。

いま「場が活気づく」と言いましたが、正確にいうと、Mさんが突飛なことをよく言うので、「何でもあり」「どんなことを言ってもいいのだ」という雰囲気が充満するということです。「どんなことを言ってもいい」から、みんな気楽に言葉を次々に繰り出します。次々と変わる話題やその度に起こる笑いが、その場に生気を与えるのだと思います。

もちろん聖書研究会は単なるおしゃべりの場ではありませんから、にぎやかであればよいというわけではありません。ですが聖書を読むということは基本的に楽しいことですから、このにぎやかさは貴重なのです。聖書を読むというと、とかく真面目で堅苦しい雰囲気になりがちです。私たちの会も以前はそうでした。ですが、その生真面目さによって何か本質的なものが失われているように思えます。ですからその場が「どんなことを言ってもいい」場と定義されることは、私にはとてつもなくすばらしいことのように思えます。

## Mさんの事例の意味

長々とMさんのことをお話ししてきました。何を言いたいのかというと、Mさんの登場によって、生真面目だった私たちの会の質が変わったということなのです。Mさんは私たちの会にとって、まぎれもなく大きなプレゼントでした。しかもMさんご自身はそのことにまったく気づいておられない。私が、「Mさん、あなたは私たちにとってかけがえのないプレゼントです！」などと言ったところで、ポカンとした顔をされるだけだろうと思います。彼女には贈与の自覚がない。その意味で、彼女は「知らぬ間になされる贈与」の典型であるように思えます。

このことをもう少し詳しく言います。

先ほど「どんなことを言ってもいい」という雰囲気が充満するというお話をしました。このことについては、私はMさんが来られる前からメンバーにはよく話していました。「どんなことを言ってもいい」ということは、その場にだれがやって来てもよい、ということです。聖書をこれまで読んだことのない人が来ても構わないし、むろんキリスト者でなくともまったく問題ない。神などいないと宣言する人が来ても構わない。これまでの来歴や思想に関係なく、いま聖書を読みたいという人を迎える、これが私たちの会の基本姿勢です。ただ主宰者がキリストを信じる者として聖書を読みたく思うので、そのことは尊重してもらう。これが最小限のしばりで、あとは自由です。

このように「どんなことを言ってもいい」という雰囲気は、私たちの会にとって死活的に重要なことなのです。ところが私がこのことをいくら口で説いても、なかなかその雰囲気にはなりません。どうしても生真面目さの方が勝ってしまいます。主宰する人間がそのように述べても、あまり信用されないのです。先生はあのように言っているが、変なことを言ったらやっぱり笑われてしまうのではないか、とかいろいろ考えてしまうわけです。参加者の防衛的姿勢を解くことはほんとうに難しい。というような次第で、真面目で聖書のことをよく知っている人が優位になりがちで、それは結局のところ、初めての人や異論のある人を締め出してしまうことになるわけです。

ですがMさんが来られるようになって事情が変わります。Mさんは「どんなことを言ってもいい」を毎回実践するわけです。そうするうちに「どんなことを言ってもいい」がお題目ではなく、本当のことであるとみんなが思うようになる。みんな安心するのだと思います。ここでは本当に何を言っても笑われたりすることはないのだ、と。警戒心が解けて、初めて聖書に接した人でも遠慮なくものが言えるようになります。そしてそこから出てくる質問が得がたい内容だったりするわけです。

Mさんの再登場後、事態はいま述べたように推移していきました。私たちの会の質は変わりました。というか、私たちの会がこうありたいと願っていた、その質が、Mさんによって実現したということだと思います。そのことを指して、先ほど「Mさんは私たちにとって大きなプレゼントだ」と言ったのです。

## 捨てられた石が礎石になる

詩編に「家を建てる者の退けた石が／隅の親石となった」という有名な言葉があります（詩一一八・二二）。Mさんのことを考えると、どうしてもこの言葉が浮かんできます。家造りのプロがこれは要らないと判定し捨てた石が、どうしたわけか家の礎石になった、という意味です。予想だにしないことの起きた驚きがこの言葉にあふれています。ほかならぬMさんがいまの私たちの会の質をもたらしたことは明らかです。彼女がいることによって、私たちの会は今のような会になりました。つまり彼女が礎石となったということです。私がいったんお引き取り願ったその方が、戻ってきていつのまにか礎石となっている。私は大学の教員で、長い間聖書も読んでいますし、三〇年近くにわたって聖書研究会なるものを主宰している。雑な言い方かもしれませんが、見方によってはその道のプロとみられても仕方ない立場にいます。少なくとも、この会の秩序維持に関しては、私が最もよくわきまえている、などと思っている。その人間の小賢しい判断が、実際のところ何ほどのものでもなかったわけです。「最もよくわきまえている」はずの人が、「この人はだめ」と判断し出入り禁止にした、まさに当のその人が、今は会にとってなくてはならぬ存在になっている。文字通り「家を建てる者の退けた石が隅の親石となった」わけです。

このようにMさんは、私たちに対しまぎれもなく大きな贈与をしてくれたのですが、そのことをMさんは少しも気づいておられない。先ほど述べたとおりです。Mさんは贈与を意図してふるまってきたわけではないし、贈与の事実そのものも認識しにくい。彼女とともに「会の質の変化」が起こったからです。

というようなわけで、Mさんの事例は「知らぬ間になされる贈与」の一つの典型ではないかと思い、お話しさせていただきました。「右の手のすることを左の手が知らない」類の贈与とは、このように、贈与する側はそれが贈与であることを知らず、受け取る側も長い時間をかけて初めて贈与であることを認識する、したがってそれまでは贈与であることに気づかないといったものではないかと思います。「右の手のすることを左の手が知らない」贈与とは、その意味であらゆる人に隠された贈与なのです。

## 「知らぬ間になされる贈与」とこの世の贈与

これまで話してきたことをまとめておきます。はじめに「右の手のすることを左の手が知らない」贈与とは何かという問いを立て、それが「知らぬ間になされる贈与」であることを確認しました。そして「知らぬ間になされる贈与」の一つの例として、Mさんのお話をしたわけです。

一応これで「右の手のすることを左の手に知らせてはならない」という謎めいた言葉の

意味は解けたことになります。ただ問題は残ります。なぜこのようなことが勧められたか、ということです。イエスはなぜふつうの贈与や他人の目を避けて行う贈与ではなく、「知らぬ間になされる贈与」、あらゆる人に隠された贈与を勧めたのか。

一つの理由は、私たちがふつうに行っている贈与が、この贈与からあまりにかけ離れているからではないかと思います。イエスが勧める贈与は、この世でさかんに行われている贈与、私たちがこの世の人として行っている贈与とは質を異にする。そうであるからこそそれが勧められる。そのような含意が「知らぬ間になされる贈与」にはあるように思います。

人間社会において行われる贈与は、贈与交換の一環として行われるのがふつうです。人類学者たちは贈与交換のルールがどのような社会にも備わっていること、普遍的なルールであることを強調してきました。贈与を受けた側は必ず返礼の義務を負うというルールです。たしかに私たちは人から何かしてもらったときに、「お返し」のことが気になります。お返しをして初めて一件落着になる、という感じをもちます。贈与は交換となって初めて完結するわけです。これは近代の功利主義的な社会に住む私たちにとってまぎれもない現実ですが、どのような未開の社会にもこのようなルールが存在していると人類学者たちは主張します。

このルールを贈与する側から語ると、人に何かを贈るときには必ず返礼を期待する、ということになります。こういうふうに言うと、それはおかしい、返礼など考えずに他人を助けたり、手を貸したりすること（つまりその他人へのサービスの贈与）はいくらでもある、と反論する人もいるかもしれません。たしかにそのとおりと思います。善意の贈与はたしかにいくらもある。電車の中で老人に席を譲るとき、お返しのことなど気にしないのがふつうでしょう。ですが、そういう場合でも、サービスを受けた側から「ありがとう」のひと言もないとき、贈与者側はちょっとムッとしたりするのではないでしょうか。この場合「ありがとう」は一種の返礼なのです。「ありがとう」によって贈与交換は完結する。贈り手側は、暗黙の裡に「ありがとう」を期待しており、それが実現しないからムッとするわけです。つまりそのようなケースでも贈与交換のルールは貫徹している。

だが、と反論する人はさらに言うかもしれません。「施し」とか寄付を匿名でする場合には、当の相手からの返礼の可能性はないのではないか。だからそのような贈与は返礼を伴わない贈与となるのではないか。たしかに匿名でなされる贈与の場合、受けとった人は誰にお礼を言ったらよいのかわかりません。その限りで返礼は贈与者側には届きません。ですがこうした「施し」の事実を知る人は必ずいるわけで、知った人は贈与への賞賛を惜しみません。誰かわからない贈り手に対して拍手し続けるわけです。世間のこの高い評価は、贈与者側に一定の満足を与えるにちがいありません。数年前に話題になった「タイガーマスク」名での児童養護施設へのプレゼントなどは、このケースにあたると思います。

このように、人がこの世において行う贈与はどうしても返礼を生んでしまいますし、返礼が不可能な場合にも、「評価」（世間の拍手）を生んでしまいます。贈与は返礼や評価を免れることはできないのです。だからこそイエスは「知らぬ間になされる贈与」を求めた。この世でなされている贈与とは質を異にする贈与、つまり返礼とも評価とも縁のない贈与を求めた。そのように考えられます。人が自らの贈与を自覚し、受ける側もそれを認識している以上は、贈与には返礼や評価が付きまとう。神につながる者はそのような贈与交換の環の中に安住していてはならない。その環から出て、返礼や評価とは無縁な贈与、純粋な贈与を行うことこそが、神につながる者にふさわしい。

## イエスと「知らぬ間になされる贈与」

以上の推論があたっているとしても、それだけでは、いわばネガティヴな理由にたどり着いたというにとどまります。贈与交換のルールに縛られた贈与ではないこと、それが「知らぬ間になされる贈与」が勧められた理由なのですから。もう少し先に行くことはできないだろうか。この贈与が勧められる理由をポジティヴなかたちで語ることはできないだろうか。

このことを考えるにあたっては、この勧めを語ったのがイエスであり、イエスの生涯こそ「知らぬ間になされる贈与」の最たるものだったことに思いを致すべきだろうと思います。マタイ福音書によれば、「右の手のすることを……」の戒めはイエスの公生涯の始まりにおいてなされました。十字架の死も復活もまだ遠い先の話です。ですが、読む側は時系列に忠実に、つまりこれから起こる十字架のことなど知らぬまま聖書を読むわけではありません。そうではなく、十字架の死を経験したあのイエスがいまこの言葉を語っている、そう思って読むわけです。そうすると、この「右の手のすることを……」の戒め、すなわち「知らぬ間になされる贈与」の勧めが、それを語るイエスの生涯と響き合っているように感じられます。イエス自身の生涯が「知らぬ間になされる贈与」だったからこそ、今ここでそれが勧められる。そのように感じられるということです。この受けとめ方をここでは重視したい。イエスの生涯がそのようなものだったからこそ、「知らぬ間になされる贈与」は勧められねばならなかった。「知らぬ間になされる贈与」が勧められる理由をポジティヴに語るとこのようになります。

いま、イエス自身の生涯が「知らぬ間になされる贈与」だったと述べました。このことについては少し説明が要るかもしれません。

イエス・キリストは、その死にあたって己自身の使命を自覚していたとふつうは考えられています。万人の罪を贖うためにあるいは人類の救済のために、十字架の死、犯罪人としての死を死んだ。イエスは自らの死によって全人類に救済という贈りものを与えた、ということになります。この理解に立つと、イエスは自らの死の目的（救済の贈与）を最初から知っていたということになりますから、「知らぬ間になされる贈与」ということにはなりません。右の手のすることを左の手は知っている。

もしイエスの死がそのような死だとすると、不条理な暴力や突然の災害に自らの人生を奪われてしまった人にイエスは寄り添えないことになります。それらの人の死は、イエスの死よりよほど過酷な死ということになるからです。一方（イエス）は、本人によって自らの死の意味がはっきりと了解されている死であり、他方（不条理な死）はまったく意味の把捉しえない死だからです。不条理な死を死ぬ人は、この世はめちゃくちゃだ、意味の秩序などない、とつぶやいて不充足感のうちに死ぬのです。自らの死の意味を十分自覚しているイエスは、この死者の不充足感に手が届かない。この死者はイエスよりも深い死を死んでいることになります。

イエスの死は災難としての死ではなく、父の命令に従って自ら選んだ死ですが、「自発的な死」ということだけなら、イエス以外にもたくさんの事例を思い浮かべることができます。自爆テロとよばれるような死や、抗議のための焼身自殺などがその例です。人はときに地上に正義を打ち立てるために自らの生命を投げ出すのです。イエスが自らの「自発的な死」の意味を把握していたとすると、これらの人々の死が、少なくとも形式的にはイエスの死と横並びになるということになります。

## なぜイエスが「知らぬ間になされる贈与」なのか

このように、不条理な死の事例を思い浮かべたり、「自発的な死」を思い浮かべたりすると、イエスの死の特権性や唯一性が揺らぐのを感じてしまいます。いうまでもなく、イエスの死の特権性や唯一性は、救済にとっての最重要の前提です。それがなければ、救済は泡と消えます。その特権性や唯一性がいま揺らいでいる。

揺らぎの元凶は、先ほど来述べてきた「イエスが自らの死の意味を自覚したうえで死んだ」という理解です。イエスの死が救済の前提であるなら、この理解には退場してもらわねばなりません。代わりに浮上してくるのは、「イエスは自らの死の意味を知らずに死んだ」という理解です。この理解とは、要するに、イエスはその死の意味を知らなかったがそれが父なる神の命じるものであったがゆえに死んだ、という理解です。イエスの死は何よりもその従順さにおいて特筆に値するということになります。その従順さがいかに大きなものであったかは、イエスと死の関係を考えるとよく見えてきます。

パウロのいうように「罪が支払う報酬は死」（ロマ六・二三）であるとするなら、神の子イエスには死に値する材料は何もありません。神の子である以上罪とは無縁だからです。だとすると、イエスの死はどのような人間の死よりも理屈に合わないもの、不条理なものとなります。死に値するいかなる理由もないのに死ぬのですから。いかなる人間も罪のうちにあるというのがキリスト教の人間観です。その見方に立つなら、どのような不条理な死の当事者も（酷な言い方になるのを承知でいえば）多少は死の理由をもっていることになります。つまりどのような人間の死をもってきても、不条理さにおいてイエスの死を凌駕するものはありません。ただ、いかなる理由もない死であっても、その死の目的や意味が知らされていたのなら、事情は少しは変わるかもしれません。あえて死に赴くという態度が出てくるかもしれません。しかしイエスの場合、死の目的あるいは意味がはっきりと把捉されてはいなかった*。それがここでの立場です。となると、そこには「自発的な死」を選ぶいかなる理由もないことになります。

死に値するいかなる理由もない存在が、無目的な死を遂げた。これがイエスの死です。不条理の極みに位置する死です。なぜイエスはそのような死を死んだのか。先ほど述べたとおりです。それが父なる神の命令だったからです。不条理の極みの死は、同時に従順の極みの死でもあったわけです。

このように考えてくると、イエスの死がまさしく「知らぬ間になされる贈与」であったということが了解されると思います。イエスは自らの生命を差し出すことにより人類に救済を与えたわけですから、イエスの死そのものは大いなる贈与でした。しかし繰り返し言いますように、贈与者自身は、そのことを十分に自覚していませんでしたし、それを受けとる側（受贈者）つまり人間の側も当初は何の贈りものかさっぱりわかりませんでした。のちに受贈者となる者たちは、当初はむしろイエスの死の実現の方にこそ加担したわけで、贈りものを受けたなどとは思ってもみなかったのです。贈りものの本体は、時間をかけて徐々に「発見」されていったのです。家を建てる者の退けた石が実は礎石であったことが、徐々にはっきりしていったように。ともかく贈与者であるイエス当人も知らず、受贈者である私たち人間もそれとしては受けとらなかった贈りもの（救済）が、イエスの死を通して与えられたというわけです。

以上、少し長くなりましたが、イエスが「知らぬ間になされる贈与」を勧めたポジティヴな理由を考えてきました。イエス自身が「知らぬ間になされる贈与」そのものであるがゆえに、この贈与が勧められた。それがここでの理解ということになります。

## この贈与は私たちに何をもたらすか

これまで「知らぬ間になされる贈与」とは何なのか、なぜその贈与が勧められるのかを考えてきました。最後にいま一度Mさんのことを念頭において、この種の贈与が私たちに何をもたらすかを指摘しておきたいと思います。

先ほども言いましたが、プレゼントを「発見」した私たちがMさんにお礼を言っても、Mさんはポカンとするばかりです。この贈与の場合、直接の贈与者への感謝は意味をもちません。贈与者当人には身に覚えのないことなのですから、それは当然です。受贈者側（私たちです）にありがたいという気持があるのはたしかですが、その気持は贈与者には伝わらない。となるとその謝意はどこに向かうか。私たちは（少なくとも私個人は）神に感謝しました。謝意はこの世においては落ち着く先を得ず、宙に浮くばかりです。だからこそ、それはこの世ではなく、そこからあふれてこの世の外に向かうのではないかと思います。受贈者と贈与者というしくみの外にあって、そのしくみそのものを支える相手（神）に向かうわけです。「知らぬ間になされる贈与」は神賛美につながります。

冒頭で述べましたように、「右の手のすることを……」を含むマタイ福音書六章一―四節は、「施し」について語っています。観客に見せるようにそれを行うな、ということがそこでのポイントです。贈与（「施し」）はどうしても世間の評判を生んでしまいます。その意味で贈与（「施し」）は徹底的に社会的なあるいは世俗的な営為です。そしてそこからなかなか抜けられない。起源においては宗教的な意味をもつ行為であっても、実際にそれがなされる場面では、贈与者の側も受贈者の側も神賛美から遠いところにいます。贈与を受けた側は何よりも贈与者にお礼を言いたいでしょうし、贈与者の側もまたそれを期待します。贈与者はまた世間の評判にも無関心でいられません。このような世俗そのものであるような経験に比べると、贈与の「発見」後、受贈者の側に神賛美があふれる「知らぬ間になされる贈与」は、なかなか素敵な経験であるように思います。

福音書には「知らぬ間になされる贈与」の対極にあるようなふるまいも取り上げられています。そしてそれらへの評価は相当に厳しい。いま取り上げている箇所のすぐ後、マタイ福音書七章二一節に、「わたしに向かって、『主よ、主よ』と言う者が皆、天の国に入るわけではない」というイエスの言葉が記されています。「私たちは御名によって預言し、御名によって悪霊を追い出し、御名によって奇跡を行った」と言う人たちは、イエスによって「あなたたちのことは全然知らない」と言われてしまいます。「御名によって預言し、御名によって悪霊を追い出し、御名によって奇跡を行った」と自慢げにアピールする人たちは、ここでの言い方を使えば、自らなしてきた贈与の数々を数え上げているわけです。どうです、私たちはこんなにたくさんのよきことを人々にしてきました、というわけです。

ですが、これらの自慢げな贈与はよきものとしてはカウントされません。彼らは「不法を働く者」と言われ、「わたしから離れ去れ」とまで言われてしまいます。「主よ、主よ」という呼びかけとともになされる贈与は、「知らぬ間になされる贈与」の対極にあるような贈与です。それは宗教や信仰の看板を掲げた行為かもしれませんが、その看板とは裏腹に心底からの神賛美とは縁遠いように思います。そしてそうである以上、少しもよきものではない。自覚的な贈与へのこの冷たい視線は、前段で述べたこと、つまり「知らぬ間になされる贈与」は神賛美をもたらすということでの見方と共鳴し合っているように思えます。

## おわりに

本日取り上げた聖書の箇所では、「知らぬ間になされる贈与」が勧められているわけですが、その勧めを聞いた私たちはいったい何をしたらよいのでしょう。「知らぬ間になされる贈与」とは、それがどこにあるのかわからない贈与のことです。贈与者にもわかりませんし、「発見」されるまでは受贈者にもわかりません。わかった、今から「知らぬ間になされる贈与」をしよう、というわけにはいかないのです。意図したとたんに「知らぬ間になされる贈与」ではなくなります。

勧めを聞いたところで、手の打ちようがないのがこの贈与の特徴です。少なくとも贈与者としてはなすすべがない。ただ受贈者の側は多少事情が異なっています。受贈者の側は、贈りものを「発見」するのでした。となると、何よりも、贈りものに敏感な精神が求められているとはいえそうです。どのような状況に置かれていても、そこに贈りものを見出す精神です。むろん贈りものの片鱗さえ見えない状況というのもあります。明るい兆しはまったく見えず、出口がないとしか思えない。剝奪はあるが、どこを探しても贈りものはない。ですが、剝奪としか思えない経験が何よりのプレゼントとなることがあります。最悪のカードが最善のカードになる。嘆きは踊りに変わる（詩三〇・一二）。「知らぬ間になされる贈与」としてのイエス・キリストの生涯は、その約束を端的に示しています。無惨な死が極上のプレゼントになったのですから。キリストにつながる者は、この約束を信じて、いつでもスタンバイしていることが大事ではないか。このスタンバイはしようと思ってできるものではありません。これまで受けてきた贈りものの経験を総動員し、それが自分の中でリアルなものとして働いているときに出現する態度であるように思います。

＊　マルコ福音書やマタイ福音書には、「わが神、わが神、なぜわたしをお見捨てになったのですか」というイエスの発言が記されており（この箇所の解釈はむろん多々あるのだが）、ここではそのことを一つの根拠にして、「死の目的が把捉されていなかった」と述べた。なおイエス

の死については、高橋由典「祈りが聞かれるとは何か」『社会学者、聖書を読む』教文館、二〇〇九年においても論じた。特に一二九―一三四頁を参照。

# 思い起こす神

出エジプト記二・二三―二四

それから長い年月がたち、エジプト王は死んだ。その間イスラエルの人々は労働のゆえにうめき、叫んだ。労働のゆえに助けを求める彼らの叫び声は神に届いた。神はその嘆きを聞き、アブラハム、イサク、ヤコブとの契約を思い起こされた（出エジプト記二・二三―二四）。

## はじめに――思い起こす神

本日は、いま読んでいただいた出エジプト記のはじめの方にある記事を取り上げたいと思います。ここには、ヤハウェの神がイスラエルの民の「出エジプト」を決意する機縁となった重要な出来事が記されています。

聖書によれば、当時イスラエルの民はエジプトで過酷な労働に従事していました。今日の箇所には「長い年月」と記されています。アブラハムに投げかけられた予告的な言葉には、「あなたの子孫は……四百年の間奴隷として仕え、苦しめられるであろう」（創一五・

一三）とありますので、彼らは四百年もの間このような労働に従事していたのかもしれません。ともかく労働の厳しさゆえのうめき声、叫び声が神に届き、神は「アブラハム、イサク、ヤコブとの契約を思い起こされた」というのです。アブラハム、イサク、ヤコブとの契約とは、創世記に記されている子孫繁栄の約束のことです。アブラハムには、子孫が空の星の数ほど多くなり、「多くの国民の父となる」との約束が語られましたし（創一五章、一七章）、イサク（二六章）、ヤコブ（二八章、三五章）にも同様の約束が与えられました。

民の嘆きの声を聞いた神は、この約束を思い起こし、「出エジプト」の導き手としてのモーセを召し出します。「わたしは、エジプトにいるわたしの民の苦しみをつぶさに見、……その痛みを知った」。それゆえ「今、行きなさい。わたしはあなたをファラオのもとに遣わす。わが民イスラエルの人々をエジプトから連れ出すのだ」（出三・一〇）。このようにして出エジプトの物語が始まります。

ですから出エジプト記二章にある、「思い起こす」という出来事は、決定的に重要な出来事として記されていることになります。神がはっと気づかなければ、出エジプトはなかったかもしれない。それ以降の歴史は変わってしまったかもしれない。聖書はそのように語っているように思えます。私たちは、神が思い起こしたということの重みを嫌でも感じざるをえないわけです。

## 何が問題か

いま、〈「思い起こす」という出来事〉と言いました。だれでも知っていることですが、いまここで問題にしている「思い起こす」は、意思や意図の産物ではありません。そういうことが起きてしまう、そうなってしまう、としか言いようのない事態です。日本語の文法用語でいえば「自発」です。そのことを指して、〈「思い起こす」という出来事〉と言っています。

さてこの「思い起こす」ことについては少々不思議なことがあります。「思い起こす」とはいうまでもなく、忘却を前提とする表現です。これまで忘れていた、意識の俎上に上らなかった。が、思い起こした、というわけです。何かを思い起こす・思い出すというのは、これまで意識の外にあったものが意識のうちに浮上してくるということにほかなりません。こうした事態は、私たち人間においてはよくあることですが、神に起こっていいものか。「思い起こす」の前提にある「忘却」は神にふさわしくないのではないか。しかもその忘却の対象は、イスラエルの民の父祖たるアブラハム、イサク、ヤコブに与えた大切な約束です。神は自らアブラハムを選び出し、繁栄の約束を与えた。その大事な約束を忘

束が最初に開示されたときには（一五章）、割礼の義務は指示されていません。そこでは、「あなたの子孫はこのように〔空の星のように数えきれないほどに〕なる」との約束の後、「アブラムは主を信じた。主はそれを彼の義と認められた」（五—六節）と書いてあるだけです。創世記一五章と一七章のちがいは、もとになった資料のちがい（一五章はヤハウェ資料、一七章は祭司資料）と言ってしまえばそれまでですが、ここではもう少し踏み込んで考えてみたい。

## 信じることと達成すること

神の約束に対して、人間が自身の何らかの「達成」（いまの場合、具体的には割礼義務の遵守）によって応える。これが創世記一七章に示されている契約の構造です。これに対し創世記一五章では、「達成」については何の言及もありません。ただ「信じた」と記されているだけです。信じるということそれ自体が、約束に対する応答であるかのように書かれています。

いまここで、「信じる」と「達成」のどちらが、神の約束に対する応答として本質的かを考えてみます。答えはだれの目にも明らかだろうと思います。約束に対する反応として必然的なのは、いうまでもなく「信じる」ことの方です。約束という未来についての言明が投げかけられたら、投げかけられた当の相手は、それを信じるか信じないか、二つに一つです。それ以外の反応はありえようがない。旧約聖書では神の約束が問題なわけですから、「信じる」というポジティヴな反応こそが第一義的な意味をもちます。約束と「信じる」のこのつながりの強さに比べると、「達成」の方は分が悪い。なぜその約束に対して特定の達成が対応するのか。なぜ子孫繁栄という約束に割礼という達成が対応するのか。これは誰も説明ができません。偶々その達成内容が選ばれたとしか言いようがない。約束と「信じる」の関係に比べると、約束と「達成」の関係はひどく間接的です。

ともかく「信じる」という応答は直接的で本質的であり、創世記一五章のアブラハムはそのような応答をしたことになります。パウロはこの「主を信じた」というアブラハムの応答の重要性を見抜いており、書簡の中で引用を繰り返しました（ロマ四・三、ガラ三・六）。

以上のようなことを考えると、「信じる」と「達成」の関係は次のようなものと想定できるかもしれません。約束に対する応答として最も本質的なのは、「信じる」ことだ。しかし「信じる」というのは、実に不確かな応答でもある。「神の約束を信じる」といっても、実際に何をしてよいかわからない。本当に自分は信じているのだろうかという疑問も湧き起こる。「信じない」人と自分の区別もはっきりしない。区別をはっきりするには、何らかの「達成」に頼るのが賢明ではないか。「達成」ならば、自分が達成したことは確かであるし、達成する人と未達成の人の区別も自明である。割礼を行うならば、その人は「信じる側」に入り、「信じない側」と区別されることになる。こうして目に見える外面的な差異としての「達成」が、内面的な差異としての「信じる」に置き換わる。

創世記一七章にある割礼の命令は、神の命令であり、人間が勝手に作り出したものではありません。しかしその命令に従う人の側の態度を問題にし、その角度から「信じる」と「達成」の関係を考えると、前段で述べたようなことになると思います。

### 約束の構造

これまでの検討を受けて、アブラハムに与えられた約束の特徴についてまとめておきます。神の約束に対するアブラハムの応答は、「信じる」という簡潔な言葉によって代表させることができます。神の約束が人間の側の応答を伴うこと、そしてその応答の本質が「信じる」という言葉に要約される内容であること、これらがアブラハムに示された神の約束の特徴なのではないかと思います。約束は約束として提示されるだけではない。必ず「信じる」という人間的な契機を伴う。少なくとも創世記の記述は、この点に注目した描き方となっているように思われます。

このことを少し具体的に言い換えると次のようになります。神の約束はそれが発せられた後、自動的に実現するものではない。その約束を信じる人々の営々たる営みによって初めて実現に至る道が開ける。これが神の約束の構造です。

## 神の約束と父祖たち

以上のような約束の構造を念頭において、イスラエルの民の歴史を考えてみます。「思い起こす神」は、（聖書には記されていない）イスラエルの民の長い歴史の果てに登場したのですから、その歴史を吟味することは、ここでの課題にとって不可欠の意味をもちます。

かつてアブラハムは「わたしが示す地に行きなさい」というヤハウェの言葉を信頼して、生まれ故郷を離れました。それと同様に、「あなたの子孫は空の星のように多くなる」と言われたなら、その約束を「そのとおり」と信じて生きてゆく。これが神の約束に対するアブラハムの応答であったにちがいありません。「信じる」とは、信じて生きていくことを意味します。密室にこもって「信じる」を百万回唱えることが、「信じる」ことなのではありません。そうではなく、生きること、活動すること、（大げさにいえば）歴史の一端を構成すること、これが「信じる」ことです。

「信じる」ことの根拠が記されていないことも注目に値します。「アブラハムは主を信じた」わけですが、そこには「信じる」理由は記されていません。ただ単に「信じた」とあるだけです。この無根拠の信頼こそが神によって義しいとされるのでした（「アブラムは主を信じた。主はそれを彼の義と認められた」）。

アブラハムは紆余曲折はありながらも、ともかく主の約束を信じて生きた。イサク、ヤコブも基本的には同質の人生を歩みました。ヨセフもまたそのような歩みをしたといってよいでしょう。ではその後の人はどうであったか。出エジプトの時代までイスラエルの民はどのような歩みをしてきたのか。聖書はこのことについて一切ふれていません。それ故わずかな手がかりをもとに推論するしかありません。

## 空文化する約束

一つの手がかりは、エジプト社会での過酷な労働に対するイスラエルの叫びです。彼らは労働の過酷さゆえ、うめき、叫んだのですが、そこには神の名は出てきません。「ヤハウェよ、何ゆえこの過酷な労働をわれらに課すのか」という神義論ふうの問いは彼らのものではないのです。彼らはあくまで物理的な苦しさのゆえにうめき、叫んだ。聖書の記述からはそのように推論されます。彼らにとってのヤハウェは、（たとえば）ヨブにとってのヤハウェではなかったようです。抜き差しならぬ問いをぶつける相手として認識されてはいなかった。

もう一つの手がかりは、モーセの言葉の中に見出すことができます。モーセが召し出され、神によってその使命を告げられたとき、彼は不安を覚えた。イスラエル共同体にまったく縁のない自分ごときが出向いたところで、先方は素知らぬ顔をするにちがいない。そう思ったのです。そして次のような問いを神にぶつけます。「わたしは、今、イスラエルの人々のところへ参ります。彼らに、『あなたたちの先祖の神が、わたしをここに遣わされたのです』と言えば、彼らは、『その名は一体何か』と問うにちがいありません。彼らに何と答えるべきでしょうか」(出三・一三)。

モーセは「その名は一体何か」という問いが出されることを気にしています。イスラエルの民はヤハウェから遣わされたと述べる自分を信用せず、自分を試みようとしてそのように問うのではないか。モーセの懸念をそのように理解することもできます。ですが他方、この懸念の中に、当時のイスラエル共同体の現実についてのモーセの観察を読みとることも可能です。エジプトのファラオの圧政下に生きてきた歴史をもつイスラエルの人々にとっては、「先祖の神」は遠くの存在に成り果てている。「その名は一体何か」という問いには、「その神に一体何ができますか」という思いが込められていたという解釈がありますす

(J. I. Durham, *Word Biblical Commentary*, 3, 1987, pp.37-38)。ここでもそのように考えておきたい。イスラエルの人々にとって神ヤハウェは疎遠な存在になっているにちがいない。だからこそ彼らは、「その名は一体何か」「その神に一体何ができますか」という問いを突きつけてくる。イスラエルの人々の間ではヤハウェはほこりをかぶっている。モーセの目にはそのように見えたのです。

以上二つの手がかりから、イスラエルの民の歴史を「約束」に注目して推測すると、以下のようになるのではないか。アブラハムら父祖たちの時代から出エジプトに至るまで長い時間が経過しました。その歴史は、ひと言でいえば、約束の構造を支える「信じる」という要素が限りなく希薄になっていく過程であったといえそうです。約束を信じ、自分たちの歩みをその約束の実現に向けてのプロセスと位置づける。このような人間の営みを通して約束は実現されるのでした。ところがその営みは次第に影をひそめていった。「信じる」人々がいなくなり、営みそのものがなくなれば、約束は空文化します。神の言葉が空文化するとは、考えてみれば不思議な話ですが、約束の構造からいって、これは必然です。人々が「信じる」ことによって神の約束は生き、「信じる」ことが途絶えることによって約束は空文化し、化石化してしまう。

## 忘却か空文化か

以上の推論があたっているとすると、ヤハウェがアブラハム、イサク、ヤコブとの契約を思い起こしたのは、その契約が人間の側の条件を失い、空文化している、まさにそのときであったということになります。

思い起こすことは忘却を前提にすると先に述べました。そして自ら与えた大切な約束を忘れることは、神にふさわしくないとも述べたのでした。しかし思い起こすという出来事が起こった背景についての理解が深まると、別の受けとめ方も可能となります。

そのときになって思い起こしたわけですから、たしかにそれ以前、神は忘れていたともいえます。ただ「それ以前」に実際に何があったかといえば、人間の側からの「信じる」という応答が途絶していたということです。約束を現実化するはずの人間の側の条件が失われてしまっていた。イスラエルの民は長い苦難を経て、子孫繁栄が「約束された最終地点」とは到底思えなくなっていた。だれもそんなことを本気にしていない。彼らは約束をそれこそ忘れていたといってもよいかもしれない。約束はあるのかもしれないが、死んでいる。完全に空文化している。「それ以前」にあったことは、有り体にいえばこのようなことです。

「それ以前」をこのように理解すると、神が忘れたということより、約束を現実化する条件を人間が放擲したことこそが問題であるというように見えてきます。「それ以前」の主題は、神の忘却ではなく、約束の空文化の方です。ここではそのように考えておきたいと思います。

### 「思い起こす」という出来事

このように考えると、神が思い起こしたという出来事は、荒れ地に花が咲くような出来事のように思えてきます。とても起こりえないようなことがここに起こった。イスラエルの民は、エジプトの地で過酷な労働にうめき声をあげていた。しかもそこに神の名はなく、そうであるがゆえに彼らのうめき声は無方向で、虚空に響くばかりだった。神の目から見れば、それは荒涼たる大地のごときありさまだったにちがいない。そのありさまへの反応として、それこそ荒れ地に花が咲くように「思い起こす」という出来事が起こったのでした。

聖書はこの出来事の端緒を、「労働のゆえに助けを求める彼らの叫び声は神に届いた」と記しています。その声への反応として「思い起こす」ことが起こった。神が彼らの窮状を見るに忍びず、救出を決意した、とは書いていません。神がイスラエルの民をかわいそうだと「思って」、救出の意思決定がなされたのではありません。そうではなく、そのように「思う」以前に、神の側に「思い起こす」ということが起きてしまったのです。そしてこの出来事を契機にして神は救出へと乗り出します。繰り返します。救出の決意は、考えた挙句になされたわけではなく、起こってしまったこと（「思い起こす」）を契機になされました。そのことに注意しておきたいと思います。合理的判断のはるか手前で、かつての約束の記憶が甦ってきたのです。空文化し、化石化していた約束が、この想起によって新たに息を吹き込まれることになりました。死にかけていたものが息を吹き返したのです。思い起こすことは、圧倒的な恩恵でした。そしてこのことがその後の歴史を動かしていきます。

## なぜ思い起こしたか

以上で冒頭（「何が問題か」の項）で示した疑問にはある程度の答えを提示しえたかと思います。神が約束を忘れたというよりは、むしろ人間がそれを放擲していたということ、そのために約束実現の途が閉ざされていたということ、つまり神の側では動きようがなかったということ、しかしにもかかわらず、神に起きた出来事（「思い起こす」）によって、その途が再び開かれたこと、これらのことが確認されました。

一応そのように理解できるとして、それでもまだ気になる点は残ります。なぜ神は思い起こしたのかという疑問です。もう少し正確にいうと、「思い起こす」という出来事は、神においてなぜ起こったのか。「自発」、すなわち自ずとそうなってしまう事柄の理由を問うているわけですから、この問いに答えることはなかなかに難しい。

うめき声が神に届いて思い起こしたのですから、「思い起こす」の背景に、うめき声を聞いて（人間的な表現が許されるのなら）「心が動く」とか「気持が動く」とかの事態があったと想定することが自然です。気持が動いたからこそ、「思い起こす」ということが起こった。ならばなぜ気持が動いたか。それは、やはり彼らが神にとって特別な人々であったからでしょう。そうとしか言いようがない。彼らは神にとって他から区別された人々、選ばれた人々なのです。たしかに長い年月を経て、彼らから応答らしきものはすっかりなくなりました。しかしそうであっても、神の注視は変わらない。ここでも人間的な表現が許されるなら、神は彼らのことが気になって仕方がない。応答はない。それゆえ動きはとれない。しかし気になって仕方がない現実は変わらない。このようなことを背景にして、うめき声に気持が動いたのだと思います。

人間的な語彙を多用しすぎたかもしれませんが、ここで確認したかったのは、要するに、「思い起こす」という出来事の背景にあるのは、愛とよぶのがふさわしい、イスラエルの民に対する神の熱い関心だったということです。

## 新たな約束と民の歴史

「思い起こす」ことによって、かつての約束に新たな生命が吹き込まれたのでした。それは具体的には、新たな約束の提示というかたちをとりました。「エジプト人の手から彼らを救い出し、この国から、広々としたすばらしい土地、乳と蜜の流れる土地、カナン人、ヘト人、アモリ人、ペリジ人、ヒビ人、エブス人の住む所へ彼らを導き上る」（出三・八）という約束です。ご承知のように、この約束は民全体に対してではなく、モーセという個人に対して与えられました。そして彼を介して民全体に伝えられます。前に述べましたように（「空文化する約束」の項）、モーセに対する民の態度は、最初は冷ややかでした。ただ最終的には「民は信じた」（出四・三一）と語られる事態に至ります。このようにして出エジプトの歴史は始まりました。

出エジプトの始まりにおいて新たな約束を「信じた」民は、その後どうなったか。彼らは荒野においても神の約束を信じ、生きたか。これもよく知られているように、出エジプト記、民数記などにおいて語られる民の歴史は惨憺たるものでした。彼らの精神は、恨み、不満、疑念に満ち、とても神の約束を信じて生きるどころではなかった。ただ一人モーセのみが約束を信じて生きた。モーセの歩みがあったがゆえに、約束そのものは辛うじて空文化しなかった。生きた言葉として歴史に介入しえたのだと思います。

## 詩編一三九編と思い起こす神

冒頭（「何が問題か」の項）で、詩編一三九編を参照しました。そこでは、時間や空間の制約を超えた神についての告白が語られていました。この告白で語られる神と、忘却する神が対比されたのでした。これまでお話ししてきたことで、「忘却」にはあまり強調を置かない方がよいことがわかりました。とはいえ、いつでもどこにでもいる神と「思い起こす」ことで歴史に介入する神とはやはり、対比されるべきであるように思います。最後にこの問題について考えてみたいと思います。

私の見解は単純です。「天に登ろうとも、あなたはそこにいまし／陰府に身を横たえようとも／見よ、あなたはそこにいます」、あるいは「胎児であったわたしをあなたの目は見ておられた。わたしの日々はあなたの書にすべて記されている」と告白される神も、「思い起こす」ことによって、歴史に介入する神、古びた約束に命を吹き込む神も、どちらも真実であるというものです。一方の普遍性、超歴史性、他方の個別性、歴史性は、たしかに、概念による把握の次元では、相互に相容れないかもしれない。しかし実人生を歩む者にとっては、どちらも本当のことだとしか言えない。

話を少し具体的にします。現代日本人の平均寿命は八〇歳を超えていますから、私たちは相当に長い一生を生きます。その長い時間を通過していく中で、万策尽きるとか進退窮まったとかの言葉がピタリと来る状況に遭遇することがあります。それは自身の身体のことかもしれない。家族のことかもしれない。仕事のことかもしれない。あるいはごく内面的な事柄かもしれない。ともかく打つ手がないという状況に置かれる。そのこと自体はさほど稀なことではないようにも思います。このようなとき、聖書を読む人ならば、「なぜ、手を引いてしまわれたのですか／右の御手は、ふところに入れられたまま」（詩七四・一一）という詩人の言葉に自らの状況を重ねるかもしれません。詩人はいま最悪の状況にいる。そしてその状況は動きそうにない。状況の中心にいるべき神は手を引いてしまったかのようだ。神の右手はふところに入れられたまま微動だにしない。この人は自分が神によって忘れられていることを直感しているのです。ふところにあって動こうとしない右手はその象徴です。そのことがこの人を苦しめます。神は私を注視していない。どこかほかのところを見つめている。私のことなど気にかけていないかのようだ。

このような人が何かの拍子に「注視」を感じたとします。いま「何かの拍子に」と言いましたが、それは文字通りのことです。このことを一定の規則性に沿った出来事として語ることは困難です。それが起こる。そうとしか言いようがありません。ともかく「何かの拍子に」自分が「注視」の中心にいることがたしかなものと感じられた。この世の片隅にある最悪の状況に光が届いたということです。「思い起こす神」が実感されるといってもよい。このようなかたちで、神はこの人の人生つまり個人の歴史に再び介入してくることになります。

「思い起こす神」を実感するとき、あるいは注視をリアルに感じとるとき、この人にとって神は歴史を超えた普遍的な存在となっているにちがいありません。神は、この人がこの世のどこにいても、また人生のどの時点においても自分を注視する存在なのです。つまり注視の回復あるいは「思い起こす神」の経験というまったく個別的な、個人の歴史上の出来事を通して、普遍的、超歴史的な神と出会うことになるというわけです。これが先に、詩編一三九編の神も「思い起こす神」もともに真実であると述べた意味です。

## おわりに――すべての人々

「思い起こす神」は直接には、出エジプト一歩手前にいる古代イスラエルの民の問題でした。彼らは特別な人々、選ばれた人々であり、そうであるがゆえに神の熱い関心の対象であったわけです。しかしそのことをあまり強調しすぎると、「ならば現代のわれわれには関係がない」という反応が出てきてしまいます。旧約の人々の話であり、現代人にはいささかも関係しない。

私はむろん、古代イスラエルの人々の話として今日のお話をしたわけではありません。そうではなく、まさに現代の私たちのことが語られていると考えるからこそ、取り上げたのです。ヤハウェにとってイスラエルの民はたしかに特別な人々でした。しかしいま、神の熱い関心はすべての人に向けられているというのが、私の理解です。キリストがこの世に来たということは、神の注視の対象がイスラエルからすべての人に広がったということを意味するのです。「思い起こす神」はたしかに古代イスラエルの出来事ですが、キリスト以降は、すべての人にとっての恩恵の物語にもなっています。だからこそここで取り上げたわけです。

出エジプト記の記述によれば、人々のうめき声が神に届いたのでした。この人々が「イスラエルの民」から「すべての人々」へと広がったとすると、すべての人々が経験する人生の苦痛の音が、神に拾われていると考えてよいのではないか。神は明日思い起こすかもしれない。化石化し、空文化した神との関係は、そのときに息を吹き返すかもしれない。そのことに希望をもって歩んでいきたいと思います。

# 非難された僕

マタイによる福音書二五・二四―二八

「ところで、一タラントン預かった者も進み出て言った。『御主人様、あなたは蒔かない所から刈り取り、散らさない所からかき集められる厳しい方だと知っていましたので、恐ろしくなり、出かけて行って、あなたのタラントンを地の中に隠しておきました。御覧ください。これがあなたのお金です』。主人は答えた。『怠け者の悪い僕だ。わたしが蒔かない所から刈り取り、散らさない所からかき集めることを知っていたのか。それなら、わたしの金を銀行に入れておくべきであった。そうしておけば、帰って来たとき、利息付きで返してもらえたのに。さあ、そのタラントンをこの男から取り上げて、十タラントン持っている者に与えよ』」(マタイによる福音書二五・二四―二八)。

## 三つのたとえ

マタイによる福音書二五章には、天国に関するイエスのたとえ話が三つ記されています。

いずれも他福音書にはない、マタイ福音書独自のものです。「十人のおとめ」のたとえ（一—一三節）、「タラントン」のたとえ（一四—三〇節）、「最後の審判」のたとえ（三一—四六節）の三つがそれです。

三つのたとえの題材はそれぞれですが、いずれも、思いがけないときにやって来る終わりの日への備えについて語っています。終わりの日にはよき備えをした者とそうでなかった者たちとの差があらわにされ、前者は救われ、後者は滅ぼされるに至る。三つのたとえに登場する人物たちはすべて二手に分かれ、この対照《コントラスト》を構成することになります。

油を準備していたおとめ、預けられたお金を増やした僕《しもべ》、「最も小さい者の一人」を歓待し助けた者たちは、それぞれによき備えをした者たちであり、油の準備を怠ったおとめ、お金を地中に隠しておいた僕、「最も小さい者の一人」に対し冷淡であった者たちは、準備をしなかった者たちである。救済を望む者は、よき準備をしてその日に備えなくてはならない。

三つのたとえ話の概略をまとめれば、このようになりますが、それぞれについて細かく見ていくと、こうした要約に収まりきれない内容が含まれているのではないかと思います。そのように見当をつけて今日は二番目のたとえ、「タラントン」のたとえを読んでみたいと思います。

## 「タラントン」のたとえ

まずあらすじを確認しておきます。

主人が旅に出るにあたって財産を三人の僕に預けた。その金額はそれぞれ五タラントン、二タラントン、一タラントンであった。五タラントン預かった僕と二タラントン預かった僕は、早速その金を活用してそれぞれ預かった金額と等しい額の儲けを得た。これに対し一タラントン預かった僕は、その金を地中に隠した。さて長い間留守にしていた主人が帰ってきた。僕たちと清算をした際、最初の二人の僕はたいそうほめられた。彼らは「忠実な良い僕」とよばれ、たくさんの仕事を任せられた。他方一タラントンを地中に埋めた僕は、主人に対し「あなたが厳しい方であると知っていたので、お金を地中に隠したのです」などと釈明したが取り合ってもらえず、「怠け者の悪い僕」とよばれ、もっていた一タラントンは取り上げられ、すでに五タラントン儲けている僕のものにされてしまった。それればかりかついには主人から見捨てられ、「外の暗闇に追い出せ」とまで言われてしまう。

これとよく似た話はルカ福音書にもあります（一九・一二―二七）。二つの話は話の骨格部分はとてもよく似ています。僕たちに主人の金が預けられる点、儲けた僕がほめられた上にほうびをもらう点、「厳しい主人」を怖がって金を死蔵した僕が叱責される点、この僕の金が取り上げられ、大儲けをした僕に与えられる点などは共通です。

ただ状況の設定や細部はかなり異なっていて、たとえば金額の大きさもかなりちがいます。マタイに出てくる「タラントン」ですが、一タラントンは現在の貨幣価値で概ね五〇〇〇万円(!)ほどです。他方ルカに出てくるのは「ムナ」で、一ムナは一〇〇万円に満たない金額と想定されます。またルカでは、十人の僕に平等に一ムナずつ渡されますが、マタイでは渡される金額に最初から差がついています。さらにルカでは金を渡した主人が、「これで商売をしなさい」と命じますが、この命令はマタイには記されていません。単に「預けた」とあるだけです。

ともかくマタイの話では、庶民が見たこともないような大金が話題になっているのだ、ということを確認しておきたいと思います。

### 非難された僕

今日注目したいのは、預かった一タラントンを地中に隠しておいた第三の僕です。先ほど述べましたように、この僕は隠しておいたお金を取り上げられたうえ、「外の暗闇に追い出せ」とまで言われてしまうのでした。

この僕はなぜこのような非難・制裁を受けたのか。彼の行動のどの部分が主人の怒りを買ったか。一つの可能性として考えられるのは、彼が主人の人格について勝手な思い込みをしていたという点です。この僕は本当は何も知らないのに、勝手に主人についての妄想（「厳しい方」）をでっちあげ、その妄想に基づいて行動を起こした（「金を地中に隠す」）。このたとえでの「主人」は神のことだと考えるとすると、神の本質に関するこのような決めつけは、人間の傲慢を意味するともいえそうです。もう一つ考えられるのは、この僕は、主人が出発してから帰還するまでの相当に長い間、せっかくの資金を死蔵してしまったという点です。かつてマックス・ウェーバーが資本主義の精神を端的に示す標語として注目した「時は金なり」（ベンジャミン・フランクリン）の考えに従えば、死蔵は損失にほかなりません。時間の経過は必然的に富を生み出すはずなのに、その可能性の芽をはじめから摘み取ってしまっているからです。この僕は一タラントンを元手に儲けえたはずの利益を、死蔵によって失っている。

第三の僕が制裁を受けた理由を想像すると以上のようになります。もっともな理由であるような気もしますが、その一方で、この程度の落ち度で金を奪われ、「外の暗闇に追い出せ」とまで言われてしまうのは、やや酷ではないかとも思います。罪と罰の関係がいかにもバランスを欠いている。

この僕は見たこともないような大金を預けられ、地中に隠しました。地中に隠すのは、当時金銭の保管の仕方として一般的であったようです。現代風にいえば金庫に入れるということでしょうか。なぜ地中に隠したかというと、その大金が自分の金ではなく他人の金、しかも大切な主人の金だったからです。絶対に失ってはならない金だと思ったからこそ隠したわけです。僕のこの判断は合理的です。虎の子の金を盗られたりしたら、それこそ一大事です。他人から大金を預けられたら、私自身でもこのようなふるまいをするにちがいないと思います。

それに、先ほどふれましたように、ルカ福音書のテキストと異なり、ここでは「商売をしなさい」と命じられていません。単に預かっただけで、儲けることは求められていません。ですので、その意味でも僕の行動は理にかなっていると言えます。

このように考えると、むしろ第一、第二の僕のとった行動の方が問題であるように見えてきます。彼らは他人の金、それも超のつくほどの大金を「早速」（一五節）資金として活用したからです。にもかかわらず彼らはたいそうほめられ、第三の僕はひどく非難されました。このことはすんなりと合点のいくことではありません。どう読んでも違和感が残る。そこで今日は少しじっくりとこの非難された僕について考えてみようと思ったわけです。なぜ手堅く合理的な行動をとった人間が非難され、無責任とも見える仕方で他人の金を使う人間がほめられるのか。このことについて聖書は何を語っているのか。このことを考えてみようと思います。

## 一般的な理解

いま述べた問題意識を頭の片隅に置きながら、このたとえについての一般的な理解をまず確かめておこうと思います。それはおよそ次のようにまとめられます。

主人が旅に出るとか旅から帰って来るとかというのは、要するに、キリストが昇天し再臨することを意味している。再臨までの間に人にはこの世で果たすべき務めが与えられている。果たすべき務めの多寡は人によってちがうだろう。たくさんの人もいれば（五タラントン！）そうでない人もいる。しかしそのちがいは問題ではない。大切なのは、与えられた賜物を全力で活用することだ。そのようにするとき、人はキリストの再臨時にしかるべき報酬を受けとる。たしかにその報酬（つまりは救済）に比べれば、この世での務めはささいなものにすぎない。しかしそれを全力で行うことこそが、「少しのものに忠実であった」（二一、二三節）と評価されることになるのだ。勝手な思い込み（「主人は厳しい」）に基づいて賜物を死蔵する人、何もしない人は、ついには厳しい裁きを受けることになる。

以上がオーソドックスな理解の内容だろうと思います。この理解に従えば、与えられた賜物の多寡は問題ではない、自身の賜物に従って力を尽くして働くことこそ信仰的には大切だ、ということになります。この理解において視野の中心におかれているのは、第一、第二の僕です。第三の僕は、称賛された二人の僕がもっていた条件を欠いている者との扱いにとどまっており、主題化はされていません。

## 一般的な理解への批判

こうした理解はむろん、信仰にとって何が肝要かという観点からなされているわけです。こうした「信仰」中心の理解に対しては田川建三さんの手厳しい批判があります。以下この批判を紹介してみようと思います。田川さんが直接に批判の対象としているのは、いま要約した一般的な理解についてですが、これからお話ししようとする私自身の受けとめ方も、焦点こそちがいますが、「信仰」を問題にするという意味では一般的な理解と同じスタンスなので、紹介の意味はあるだろうと思います。

田川さんによると、イエスのこのたとえは、帝国の権力者、大金持ち、さらには彼らをその一部として含む資本主義システムそのものへの批判を主眼としています。持てる者総体が批判されるとともに、持てる者はますます豊かに、持たざる者はますます貧しくなるという資本主義システムそれ自体が批判されている。本来資本主義批判のたとえであったものを終わりの日をめぐる話に仕立てたのは、マタイにほかならない。これが田川さんの理解です。この理解を前提にして、次のようなキリスト教批判を展開します。「よくある教会説教のように、一般庶民に対してまで神さまはそれぞれにそれぞれの才能を授けて下さったのですから、しっかりそれを働かせていきましょう、などという説教に仕上げるのは、まるで原意を離れている」（田川建三訳著『新約聖書　訳と註　第一巻』作品社、二〇〇八年、八一二頁）、「宗教説教家は、何でもあまりに狭義に『信仰生活』のための説教にしてしまうから、このように、社会の現実に対する直截な指摘さえも見えなくなってしまうのである」（同、八一五頁）。

田川さんはこのように「信仰生活」の話に固執するキリスト教の態度を批判しています。たしかにこの批判はキリスト教の痛いところを衝いています。ただその一方で、イエスを資本主義批判のイデオローグとみなしたところで、その先に何があるのかという気もします。資本主義批判を唱える人はたくさんいますから、そのことを指摘したところで、イエスの固有性は明らかにならない。この指摘だけでは、なぜイエスが聖書を読むすべての人にとって抜き差しならぬ存在となるのかは説明されない。田川さんには、「いかにもキリスト教的」「宗教説教家！」と言われてしまうかもしれませんが、私としては、イエスの語ることが私たちの生にどう関係するかをまず知りたい。聖書を読むことがなぜ「キリストの力がわたしのうちに宿る」（Ⅱコリ一二・九）という事態を生み出すことになるのか、その不思議を少しでも解明したい。本日もこの角度から話を進めていきたいと思います。

### 救済は報酬か

私自身は田川さんの説に与しませんが、だからといって一般的な理解に諸手《もろて》を挙げて賛成というわけでもありません。第三の僕が視野の中心に来ていないということについてはすでに述べました。これはいわば「ないものねだり」の類ですが、理解の内容に即してみても、納得のいかない点があります。それは、そこでは救済が、人間の努力に対して与えられる報酬という扱いを受けている点です。これはいささか問題ではないか。

一般的な理解に従うと、人はキリスト再臨に備えて一所懸命頑張るということになるわけです。ゴール（救済）をめざして頑張る。賜物を死蔵したりしてはダメで、全力で活用しなくてはならない。そのように頑張った人にこそ救済は与えられる。この観点に立つと、救済は人が努力の果てに手に入れる何かであるように見えてきてしまいます。それは入念な準備の果てにようやく入手しうる何かです。一般的な理解はどうしてもこのような救済観を産出してしまいます。救済の主体はいうまでもなく神です。なのにここでは救済が人間の側の努力と結びつけられている。救済は人間の努力に対して与えられる報酬であるかのようだ。これは少しちがうのではないか。

努力と報酬というのは、この世での経験を語る枠組みです。これを救済の問題に持ち込むのは正しくない。天国の問題が地上の問題であるかのように語られることになってしまうからです。天国においてもこの世で生きているときと同じ功利的な態度でいなくてはならない。となると、入念に市場調査をして（努力）多大な利益を上げる（報酬）という精神と同質の精神が、救済に関しても求められることになってしまう。天国でも「用意周到」がものをいうというのは、少し辛いことではないでしょうか。

というような次第ですので、以下では一般的な理解からは離れ、ここでの問題意識に沿って話を進めてまいりたいと思います。

## 主人の大金を手放す

最初の問いに戻ります。第三の僕は手堅く合理的な行動をしたように見えるのに、なぜ厳しく非難され、制裁を受けねばならなかったか。これが初めに掲げた問いでした。

第三の僕のふるまいは至極合理的である。本日のお話はここから出発しています。第三の僕の合理性に気づくことは、同時に第一と第二の僕の行動の破天荒さに気づくことでもあります。実際、よく考えてみると、彼らのふるまいは常識はずれもいいところです。このことに気づくことが、ここでの問いに答える上で大きな意味をもつように思います。

第一の僕と第二の僕は、第三の僕の五倍、二倍のお金、つまりいまの貨幣価値で二・五億円、一億円の他人の金を何の躊躇もなく使い始めました。他人の金を使って金儲けをし始めたわけです。使うというのは、手放すということです。お金を増やすためには、いったん手放さなければなりません。第一、第二の僕は、つまり主人の大金を一気に手放したというわけです。大切なお金は決して手放さないのがふつうです。主人から預かったお金ならなおさらです。手放さないどころか寝るときも一緒にいたいと思うのではないか。大切に思うということは手放せないこととイコールです。そしてその思いは手にしている金額が大きくなればなるほど大きくなるはずです。一タラントンより二タラントン、二タラントンより五タラントンをもっているときの方が手放すことへの抵抗は大きい。にもかかわらず第一、第二の僕は躊躇なく使い始めました。彼らのこのふるまいは度外れています。生真面目な人なら眉を顰めるようなことを彼らはしている。第三の僕のふるまいがきわめて常識的、合理的であるだけに、彼らの行動の破天荒さが際立ちます。

## 全幅の信頼

第一、第二の僕のこの破天荒さが何に起因するかを考えてみます。なぜこのような度外れたふるまいができたのだろう。その理由はいうまでもなく、彼らがお金を手放しても大丈夫と思っていたからです。手放してもよい、手放した結果ゼロになっても構わない、何をしても安心だ。そう思っていたからこそ、こうした破天荒なことができたのです。彼らの破天荒さを理解するには、こう考えるほかないように思います。繰り返しますが、手放した結果ゼロになったらどうしよう、とんでもないことになると考えるのが、合理性の立場、第三の僕の立場です。第一、第二の僕はこの合理性・常識とは正反対のところに立っているかのようです。

ではこの常識はずれの態度、手放しても安心という態度そのものの根拠は何か。彼らが手放した金は主人の金です。ゼロになっても構わないと考えるということは、ゼロになったところで主人はそのことで責任追及などしないと考えるということです。それどころか、主人ならきっと何とかしてくれる、何も心配はいらない、だから何でも思いきってしてみよう、と考えるということです。つまりは事態収拾の最終責任者としての主人への全幅の信頼です。主人はきっと何とかしてくれる。この全幅の信頼、安心感がなければ第一の僕、第二の僕のようなふるまいは決してできない。それゆえ彼らの破天荒さを支えているのは、主人への絶対的な信頼ということになります。主人への絶対的な信頼があるからこそ、とても大切なものをいとも簡単に手放すのです。

この信頼に根拠があるわけではありません。主人だから信頼する。それだけです。この無根拠の信頼が彼らの存在全体を貫いています。何も心配がないからこそ、常識人が想像もできないような思いきったことを次々にやってのけたのではないかと思います。

彼らは、「来なさい」というイエスの言葉に従って水の上を歩いたペトロ（マタ一四・二九）のようにふるまったわけです。ペトロはこのとき、水の上に足を踏み出したら命が危ないという常識の声を無視して、一歩踏み出しました。「来なさい」と声をかけたのが、ほかならぬイエスだったからです。イエスのよびかけだったから、安心して踏み出したのです。つまり全幅の信頼です。全幅の信頼によって、少し大仰にいえば自分の命を手放したわけです。危ないという常識の声、合理性の声が聞こえないわけではなかったと思いますが、その声の制止力をはるかに上回るほど「来なさい」という声への信頼があったのだと思います。

第一、第二の僕もまた、何の根拠もなく主人を信頼し、大丈夫だと思って、大切なお金を手放したのです。

## 「委ねる」ことと「委ねない」こと

第三の僕は主人に対するこの種の信頼、それに基づく安心とは縁がなかったようです。

彼がものごとをきちんと合理的に考える人であったことはたしかだと思います。それが仇になったかどうかはわかりませんが、ともかく彼は主人に関する安心から遠く隔たった場所にいます。安心ではなく、不安や心配が彼を動かしているといってもよい。主人と聞くと緊張が走るのです。伸び伸びとふるまう第一、第二の僕とは大きなちがいです。何といっても主人は「厳しい方」だから、いつなんどき自分の落ち度について突っ込まれるかわからない。だから何が来ても困らぬよう、説明責任が果たせるようにしておこう。それには預かったお金を地中に埋めるに限る。彼の場合、主人のことを考えるとは、主人に対してどう身構えるかを考えるに等しい。少しも気が抜けない。これが彼と主人との関係であるように思います。「全幅の信頼」の対極にあるような態度です。

一方（第一、第二の僕）における信頼と安心、他方（第三の僕）における心配と不安の対照は大変くっきりしています。この対照を「信」対「不信」というようにまとめることは、適切ではないと思います。少なくとも第三の僕の態度を「不信」と形容することには、私自身は抵抗があります。彼はふつうの意味での不信の徒ではありません。そうではなく、きちんと考えてしっかり状況に対応したいと考えているだけなのです。「来なさい」と言われたって、水の深さがどのくらいあるか確かめてからでなくては、踏み出すことなんてできない。だれが何と言おうと、自分で確かめたうえでなければ決してリスクは負わない。

きわめて合理的にこのように考えてしまう人です。この態度は生活者の態度としては疑いもなく正しい。それがこの世の常識というものです。しかしながら、堅実で合理的なこの人は、まさに堅実で合理的であるがゆえに、安心して主人に身を委ねることができない。

これまでの話でおわかりのように、タラントンのたとえは神と人間の関係について語ったものと読むことができます。第一、第二の僕は、神に身を委ねてしまう人を代表します。第一、第二の僕がそうだったように、この人々は委ねているがゆえに、自分にとって大切なものを簡単に手放します。それは常識の立場から見て、ときにとんでもないことだったりもします。第三の僕は堅実で合理的な人、したがって身を委ねない人を代表します。第三の僕同様、この人々はしっかり者なので、自分の大切なものを守ってそこから離れようとしない。

## 第三の僕はなぜ厳しく非難されたか

第三の僕が厳しい非難、制裁を受けたのはなぜか。これが最初に掲げた問いでした。ここまでの話でおよその見当はついたのではないかと思います。第三の僕あるいは彼が代表する人々は、自分の判断に固執してなかなかそこから離れようとしない。全面的に神に身を委ねてしまうということにはならない。神の側からすれば、それは決定的におかしい。

神に従うと言いつつ、本心では自分自身に依拠しているではないか。自分自身を神にしているのに等しいではないか。神の側からはっきり見えるこの不整合、これが第三の僕が強い非難、制裁を受けた理由です。

タラントンのたとえを読むたいていの人は、第一、第二の僕が多大な利益を上げ、他方第三の僕は無為無策でまったく利益を上げなかったこと、そのことが厳しい非難や制裁の理由であったと考えると思います。ですが、この理解に立つと、第三の僕の受けた非難や制裁の苛酷さがうまく説明できない。最初にお話ししたとおりです。努力や努力の成果に目を向けている限り、納得のいく説明にはたどり着かない。努力や努力の成果ではなく、その前提にある神との関係にこそ目を向けるべきなのです。決定的なのは、第三の僕が第一、第二の僕において実現されている神との関係の中にいなかったことです。第一、第二の僕には身を委ねた安心があり、第三の僕にはそれがない。彼は委ねることを知らない。このちがいは決定的です。利益を上げるとか上げないとかは、量的なちがいです。多いか少ないかの話です。これに対し、委ねるか委ねないかは、いわば質的なちがいであり、両者の間には決定的な断絶があります。神の側からすれば、第三の僕には、神関係において最も肝心な点が欠落していた。そうであるがゆえに、第三の僕は厳しい非難と制裁を受けたのです。

第三の僕の受けた制裁の理由をこのように考えると、改めて信仰において神に委ねることの決定的な重要性を思い知らされます。委ねることを知らないがゆえに、第三の僕は「外の暗闇に追い出せ」と言われたのでした。委ねない人は、まったくの問題外という扱いを受けるわけです。私たちはこのことを重く受けとめるべきだろうと思います。

## アブラハム

今日はタラントンのたとえを、委ねる人と委ねない人の対比を語った話として読んできました。神に委ねるとか、信頼して任せるとかのテーマは、むろん聖書全編を貫く大テーマです。聖書のそこかしこにこのテーマに関する箇所を見出すことができます。そこで最後に少しだけそのことにふれてみたいと思います。

ペトロのエピソードについては先ほどふれました。旧約聖書で一つだけ例を挙げると、アブラハムは「あなたは生まれ故郷／父の家を離れて／わたしが示す地に行きなさい」（創一二・一）という言葉を神から与えられ、「主の言葉に従って旅立った」（一二・四）と記されています。私たちは創世記のこの記事をあたりまえのように読んでいますけれども、この行動は真に驚嘆すべきことではないかと思います。アブラハムは用意周到に準備をし、その準備に自信をもって旅立ったのではなく、ただ「主の言葉に従って」一歩踏み出したのです。そしてアブラハムはハランからカナンまでの長い旅を続けました。
「行きなさい」というヤハウェの言葉を聞いた後のアブラハムのことを考えてみます。アブラハムはどのようにして「行こう」と決めたのか。「行きなさい」と言われ、あれこれ迷った挙句に、「いろいろ心配はあるが委ねよう」と決意したのではないと思います。あれこれ迷ったら、きっとネガティヴな結論しか出ない。「やはり無理だ、やめよう」となるに決まっています。なぜなら、父祖の土地を捨て仕事を捨て財産を捨て、見ず知らずの土地に行くというのは、相当に苛酷な選択だからです。考えれば考えるほど「委ねる」あるいは「行く」という結論からは遠のく。だからアブラハムは考えなかったにちがいない。「行きなさい」という言葉を聞いて、一瞬にして「よし、行こう」と思ったのです。「来なさい」と言われて即座に水の上に歩を進めたペトロと同じです。

アブラハムの結論は頭で考え出したものというよりは、彼の人格の深みから出てきたものです。つまり彼は人格の深みにおいて「神に委ねる」人だったということになります。そしてその彼を神は祝福したのです。

## パウロ

いま「委ねる」というあり方の事例としてアブラハムを取り上げました。アブラハムはたしかに「人格の深みにおいて」委ねる人だったかもしれない。しかしそれは「信仰の父」アブラハムだからこその話ではないか。日常に忙殺される私たちにはペトロもアブラハムも縁がない。そんな声が聞こえてきそうです。たしかにペトロやアブラハム的な経験をする人は例外的かもしれません。全面的に委ねるという経験は、そうそうあるものではない。

逆にいえば、私たちはそれほどまでに自身の思考や判断に依拠して生活しているということでもあります。それはたしかなことなのですが、人生の途上ではいろいろなことがあります。ときにこの種の自己依拠では一歩も先に進めないという経験に出くわすこともあります。あらゆる選択肢の可能性を考えた、しかしどれも根本的な打開策とはなりえない、もう打つ手がない、お手上げだ、とつぶやいてしまうような経験です。そのようにつぶやく場所に立ち至ったとき、はじめて全面的に委ねるという事態が、私たち凡人にもリアルに迫ってくるように思うのです。

パウロはガラテヤの信徒への手紙において次のような謎めいた言葉を書き残しています。「知ってのとおり、この前わたしは、体が弱くなったことがきっかけで、あなたがたに福音を告げ知らせました」（四・一三）。ご承知のように、パウロは雄弁ですし、その言葉は事柄の本質を衝く鋭さをもっています。ですが、ここでパウロが語っている言葉に従えば、その雄弁で有能なパウロを通してではなく、彼の「体が弱くなったこと」を通して福音が伝わったというのです。この後には「わたしの身には、あなたがたにとって試練ともなるようなことがあったのに、さげすんだり、忌み嫌ったりせず」とも書いています。実際に何が起きたのかは、この記述だけではよくわかりません。ただパウロがその雄弁を通してではなく、社会的にも身体的にも弱い状況に置かれたときに、その弱さを通して福音を伝えたのはたしかなようです。

何が起きたかは定かではありませんが、ある程度の推量はできます。雄弁で有能なパウロも病には勝てず、また（よくわかりませんが）社会的な事情も絡んでいたようで、相当に弱りきっていた。ふだんのパウロがよりどころにしていた雄弁も教養も鋭い判断力も、もはや何の役にも立たない。それほどに弱っていたということです。パウロは福音宣教のためにガラテヤにやってきたけれど、そのための武器になるべきものはすべて奪われ、もう打つ手がないといった感じです。お手上げです。ところがパウロの証言によれば、このように完全に手詰まりのときに福音は伝わったというのです。福音宣教の主体であるパウロが人としてまったく無力だったとき、神は働いたということです。主体が無力であるとき神は働く。パウロの証言はそのことを語っています。

なぜそうなるのか。なぜ福音宣教に必要な力が奪われるときに、福音宣教は実現するのか。福音宣教に必要な力をあり余るほどもち、自らに恃むところのある場合には、人はどうしても自身の思考や判断に依拠します。それは避けられない。ところがそれらの力が奪われて無力になってしまう。自分に依拠しえないわけですから、このとき「委ねる」ことへの必要条件が整ったことになります。「委ねる」ことはここから生まれてくる。神が働くということと「委ねる」ことは、不可分の関係にあります。パウロの場合も、そのようにして神が働いた、すなわち福音が伝わったのだと思います。つまり福音宣教に必要な力が奪われるとき、福音宣教は実現した。

## おわりに

今日はタラントンのたとえを手がかりにして、人と神の関係のあり方について考えてきました。そして神に委ねること、神に身を預けることが、信仰にとって決定的な意味をもつことを確認しました。またタラントンのたとえのテーマは聖書全編を貫くテーマと重なることも確認しました。

「委ねる」ことの大切さを知ったからといって、「委ねる」ことがすぐに実現できるわけではありません。「委ねる」ことは、委ねようという意思によって実現されるものではないからです。ただパウロに関して見たように、大方の予想に反して、自分がお手上げのときにこそ「委ねる」ことの近くにいることはたしかです。そのことは心に留めておいてもよいかもしれません。以上で終わります。

# なめくじのように溶けよ　詩編五八・七―一〇

神が彼らの口から歯を抜き去ってくださるように。主が獅子の牙を折ってくださるように。彼らは水のように捨てられ、流れ去るがよい。神の矢に射られて衰え果て／なめくじのように溶け／太陽を仰ぐことのない流産の子となるがよい。鍋が柴の炎に焼けるよりも速く／生きながら、怒りの炎に巻き込まれるがよい（詩編五八・七―一〇）。

## はじめに

詩編五八編の一節を標題に掲げました。聖書についての話の題としてはいささか奇異と感じられる人もいると思いますので、まず、今日ここで何を問題にするかを簡単に述べることから始めたいと思います。

詩編五八編は最初から最後まで敵への呪詛で成り立っています。賛美とか信仰告白はひと言も書かれていません。「神に逆らう者」は「蛇の毒にも似た毒」をもっている。だから彼らなど「なめくじのように溶け／太陽を仰ぐことのない流産の子となるがよい」（九節）、「生きながら、怒りの炎に巻き込まれるがよい」（一〇節）。神に従う人は神によることの報復を見て喜び、「神に逆らう者の血で足を洗う」（一一節）に至る。このように徹頭徹尾、敵への憎しみが一編を貫いています。「なめくじのように溶け」という言葉には、レトリックなどではない、真正の敵意、憎しみが感じられますし、「血で足を洗う」という図柄は何よりも凄惨です。神に従う人が敵の血で足を洗ってよいのかとつい思ってしまいますが、ともかくこう書いてある。こういう呪詛の言葉、憎しみの言葉はほんとうに読みにくい。読むのがつらい。この素朴な感想が、本日の話の出発点です。

私は勤務先の大学で長年聖書研究会をしていますが、そこではもちろん新約聖書だけでなく旧約聖書も読みます。ヘブライ語に堪能なメンバーがいるわけではないので、日本語訳を中心に一節ずつ丁寧に読むわけです。まだ詩編を読んだことはないのですが、読むことになったら、こういう詩編をどう読めばよいのだろう、と考え込んでしまいます。

憎しみや敵意が表出されている詩編の読み方に戸惑いを覚えるのは、私たちがこうした感情を抱くことをいけないこと、道徳的にみてよくないことと思っているからです。新約聖書の「敵を愛しなさい」とか「敵意が滅ぼされた」という言葉も、遠くに響いているかもしれません。ともかく私たちにとって、詩編の憎悪・敵意は読みづらい。これをどう読んだらよいだろうか。今日はこの問題を考えてみたいと思います。詩編五八編の一節を標題としましたが、この詩編を詳しく読もうというわけではありません。「なめくじのように溶けよ」という言葉によって代表される、肥大した憎しみ・敵意一般の運命を考えてみようというわけです。

## 詩編における賛美

詩編全一五〇編には、慰めに満ちた言葉があふれています。多くの人にとって、詩編を読むという経験は、そのような言葉にじかにふれるという経験ではないかと思います。そこに詩編の魅力がある。

いくつかその例を拾ってみましょう。

「主はあなたのために、御使いに命じて／あなたの道のどこにおいても守らせてくださる。彼らはあなたをその手にのせて運び／足が石に当たらないように守る」（九一・一一―一二）と語る詩人に励まされ、主の守りを信じる気持が湧いてくる。

「いかに幸いなことでしょう／あなたによって勇気を出し／心に広い道を見ている人は。嘆きの谷を通るときも、そこを泉とするでしょう」（八四・六―七）と言われて、「心に広い道を見る」とはなんと素敵な言葉だろうと思う。

「わたしは主の御業を思い続け／いにしえに、あなたのなさった奇跡を思い続け／あなたの働きをひとつひとつ口ずさみながら／あなたの御業を思いめぐらします」（七七・一二─一三）という言葉を読んで、いま現在苦難の道を歩む詩人が、「御業を思い続け」て勇気を得ていることを知る。

「主よ、あなたはわたしを究め／わたしを知っておられる。……遠くからわたしの計らいを悟っておられる。歩くのも伏すのも見分け／わたしの道にことごとく通じておられる。わたしの舌がまだひと言も語らぬさきに／主よ、あなたはすべてを知っておられる」（一三九・一─四）。神の圧倒的な超越性をたたえるこの詩編に深い共感を覚える。

詩編を読み進めていくと、そこかしこで自らの心に直接に響く言葉と出会う。そしてはるか昔の詩人が残した言葉に、自分自身が映し出されていることを知る。このようにして詩編は私たちをとらえ、慰め、勇気づけます。いま挙げたのはほんの少数の例ですが、詩編を読むという経験の中心はおよそこのようなものだと思います。

## 詩編における憎しみ

ところが一節ずつ丁寧に読むという仕方で読んでいくと、「慰めに満ちた」詩編の中にも異物のようなフレーズが紛れ込んでいる場合があり、それが読む者を当惑させます。たとえばいま最後にふれた有名な詩編一三九編には、神の超越性をたたえる詩句の合間に「どうか神よ、逆らう者を打ち滅ぼしてください。……主よ、あなたを憎む者を私も憎み／あなたに立ち向かう者を忌むべきものとし／激しい憎しみをもって彼らを憎み／彼らをわたしの敵とします」（一九―二二節）というフレーズが出てきます。神の超越性の賛美と敵への混じり気のない敵意が一つの詩編に同居しています。詩編一三九編の格調高い神賛美に心躍らせる人は、その同じ詩編に含まれるあからさまな憎悪を目の当たりにして、居心地の悪さを覚えるにちがいありません。

詩編の世界においてならば、神賛美と敵への憎悪は容易に両立します。というより両者は車の両輪の如き関係にあるといった方がよいかもしれません。神は何といっても、自分たちの神であり、敵への敵対は道徳的・信仰的に正しいことにほかならない。敵を憎むことは神の喜ぶことです。そして敵からの救出は神のわざであり、敵の殲滅は神の名においてなされます。救出や殲滅の後には心からなる神賛美がなされる。このようにして敵への憎悪と神賛美は何の矛盾もなくつながります。「激しく攻められて倒れそうになったわたしを／主は助けてくださった」。だから、「主はわたしの砦、わたしの歌」にほかならない（一一八・一三―一四）。憎悪の対象である敵からの救出の経験が、神賛美を生んでいくわけです。

冒頭でふれたように、詩編五八編は憎悪の言葉のみでできている珍しい詩編ですが、敵への憎悪の言葉自体は、詩編にごくふつうにみられるものです。敵への憎悪・敵意が正当なものとされている以上、それは当然のことかもしれません。そして多くの場合、その憎悪の言葉は神賛美と緊密に結びついています。いま見たとおりです。

## 新約聖書から

ですが、キリスト以後の世界に住む人にとっては、敵へのあからさまな憎悪・敵意は、神賛美とは結びつきません。イエス・キリストそのものが、敵を愛せよと語っているからです。マタイによる福音書の該当箇所で確認しておきます。「あなたがたも聞いているとおり、『隣人を愛し、敵を憎め』と命じられている。しかし、わたしは言っておく。敵を愛し、自分を迫害する者のために祈りなさい」(五・四三―四四)。敵を憎むことが当然であり、かつそれが神の名において正当化されていた場所にイエスはやって来て、天と地がひっくり返るようなことを語ったわけです。この命令は新約聖書全体を貫いているといってよいと思います。

敵意について語った新約聖書のテキストをもう一箇所挙げておきたいと思います。これもよく知られたところで、エフェソの信徒への手紙の中の、ユダヤ人と異邦人の和解を語った箇所です。キリストによって和解が成ったと語っています。こう書いてあります。「実に、キリストはわたしたちの平和であります。二つのものを一つにし、御自分の肉において敵意という隔ての壁を取り壊し、規則と戒律ずくめの律法を廃棄されました。こうしてキリストは、双方を御自分において一人の新しい人に造り上げて平和を実現し、十字架を通して、両者を一つの体として神と和解させ、十字架によって敵意を滅ぼされました」(二・一四―一六)。キリストが「敵意という隔ての壁を取り壊し」、「十字架によって敵意を滅ぼされました」と書いてあるところが重要です。なおここでいう敵意は憎悪とほとんど同じ意味です。

先ほどの「敵を愛せ」は命令でした。現に敵を愛しているかどうかという事実に関する言明ではありませんでした。時制でいえば、「これから」(未来)のことを指しているといってもよいかもしれません。いまはまだ愛していない。だからこそ命令が必要だ。いまはまだ愛していないけれども、これからは敵を愛するように。これが命令の趣旨です。

しかしエフェソの信徒への手紙で書かれているのは、事実の話です。もうすでに敵意は滅ぼされてしまった。敵意という障壁は破壊されてしまった。そう書いているわけです。「これから」壁がなくなるでしょうとか、敵意が消滅するでしょうとか、敵意をもたないように生きなさいとか言っているわけではありません。事実としてそれが起きたと言っている。ここで言及されているのは、直接にはユダヤ人と異邦人の間の敵意ですが、その敵意の消滅がキリストによるといっている以上、話は普遍的です。私やあなたの敵意の問題と考えてよい。私やあなたの、敵に対する憎悪、敵意が滅ぼされた。

今日ここで問題にしている詩編の敵意も、まさに事実の話です。ですので、以下では詩編とエフェソの信徒への手紙を対比するというかたちで話を進めていきたいと思います。

一方で神賛美と結びついた敵意（詩編）があり、他方で「敵意が滅ぼされた」という証言がある（エフェソの信徒への手紙）。双方ともに事実を指していますが、二つの事実の間には越えがたい溝が横たわっている。このことを頭に入れて、最初の問いを言い換えてみましょう。キリスト以後の人間は、詩編の憎悪・敵意をどう読んだらよいだろうか。これが冒頭の問いでした。この問いをいまの文脈に即して言い換えると、「敵意が滅ぼされた」という地点に立つ私たちは、詩編の敵意・憎悪をどう読むか、ということになります。

## 現実の経験を問題にする

私たちはいま「敵意が滅ぼされた」地点に立っているはずですが、この言葉が何を意味するかは、ほんとうのところ、よくわかっていない。少なくとも私はそうです。私にとっては、「敵意が滅ぼされた」ということより、日々経験している敵意の方がずっとリアルです。なぜキリストが現れると、この敵意よりももっとリアルなこととして「敵意が滅ぼされた」と言われるに至るのか。それを知りたい。

話を先に進めるにあたって、二点ほど補足しておきます。

まず一点目。いま日々敵意を経験していると述べました。ごくあたりまえのことですが、「敵意が滅ぼされた」という証言にもかかわらず、私たちの中に現に敵意は存在していま す。それは動かしがたい事実です。キリスト以前であろうがキリスト以後であろうが、そのことに変わりはありません。たとえば、テレビ画面に映し出された政治家の不誠実な言葉に腹を立てる。ときに画面の中のその政治家に向かって粗野な言葉をぶつけてみる。こうしたことは少なくとも私にとって、ごくふつうの日常です。相手は敵とはいえないかもしれないし、感情は憎悪というほど強いものではありませんが、敵意があることはたしかです。遠くの政治家に対してはこの程度かもしれませんが、より近くの人間に対しては話がもっとややこしくなります。互いに利害や考えが対立し、すったもんだしているうちに、相手に激しい憎しみを感じてしまう。こういうこともありがちなことです。敵意は少しも滅んでいない。これが私たちにとってまぎれもない現実です。

次いで二点目の補足です。エフェソの信徒への手紙には、敵意はキリストの十字架によって滅ぼされたと書いてある。そう書いてあるのだから、それ以上の説明は要らないのではないか。このように考える人もいるかもしれません。十字架の贖罪によってユダヤ人と異邦人は等しく神の子となり、両者の区別はなくなった。人の隔てはなくなった。だから敵意は滅ぼされたのだ。

私はこうした議論に異論を唱えるつもりはありません。教説としてはそのとおりだと思います。ですが、十字架の贖罪を納得したからといって、すったもんだから生まれた敵意がうそのようにかき消える、とは到底思えない。ここでは教説の話ではなく、現実に敵意がかき消えるという経験の方をこそ問題にしたいと思います。

## 姦通の女を責める人々

敵意がかき消える経験、敵意消失の経験、これが問題です。キリストとの出会いが敵意の消失に結びつく事例を新約聖書の中に探してみます。すぐ思いつくのが、ヨハネによる福音書七章五三節から八章一一節に記されている「姦通の女」の話です。姦通の現場をとらえられた女が連れてこられ、「こういう女は石で打ち殺せとモーセは教えているが、先生、あなたはどう考えるか」とファリサイ派はイエスに訊きます。イエスは、「あなたたちの中で罪を犯したことのない者が石を投げよ」と言った。すると一人また一人と立ち去り、ついにはみんな立ち去ってしまった。

石打ちの刑で女を殺そうと思っている人たちは、むろん淡々と律法の規定を履行しているわけではなく、激しく怒っています。女への敵意、「けしからん女だ」という思いが彼らを動かしています。ところがイエスのひと言で、この膨張した敵意がしぼんでいってしまいます。なぜあれほど膨らんでいた敵意は消えてしまったのか。

相手をけしからんと思う人は、自分はけしからぬ人物ではないと思っています。自分は相手を裁く立場にいる。つまり相手より上にいる。ところがイエスのひと言は、そういう思いが根拠のない幻想であることを突きつけます。えらそうに相手を非難していた自分が実は同じ穴の狢であったことを知る。このようにして敵意はそれが成立する基盤を失います。これがこの場面で敵意がしぼんでいった理由です。

## キリストの到来

いま見たのは、敵意それ自体の根拠あるいは正当性が失われ、その結果として敵意が消失していくという例ですが、敵意の消失という経験には、もう一つのタイプがあるのではないか。それは、敵意を抱く当の人が、充満した自身の敵意のことを「どうでもよい」と思ってしまうという場合です。敵意に燃えて、わら人形にくぎを打ちつけていた人が、急に、こんなことはつまらぬことと思い始める。相手への敵意にこだわることが急に小さなことのように思えてくる。これまでの緊張が解け、一気に脱力する感じです。「ま、いいか」となる。キリストとの出会いはこういう脱力を可能にするのではないか。そのことをお話ししてみたい。

福音書にはイエスの言葉や行動が記されているわけですが、むろん福音書は単なる伝記ではありません。各福音書を貫いているのは、イエスをキリスト（救い主）として告白するということです。イエスはキリストである。キリストがこの世に到来した。この驚きと喜びがそれぞれの福音書を貫いています。イエスをキリストと告白するとは、この地上に神が到来したと告白することです。イエスは人となりたる神にほかならない。

神と人とは、存在としてまったくの別ものである。これが旧約の世界における大前提です。その前提からすれば、イエスをキリストと告白することは、不可能なこと、ありえないことが起きたと証言することにほかなりません。まったく驚くべきことが起きた。この出来事と、いまここで問題にしている敵意の消失の経験とは深く結びついています。

## 枠を越える

イエスはキリストである。福音書においては、その角度からイエスの行状が語られます。そこに記されている数多くの出来事は、すべてキリストの到来を指しているといってよい。

中でも印象的なのは、イエスが枠外の人々、当時のユダヤ教が境界線の向こう側に放り出している人々を相手にしているという点です。罪人、徴税人、娼婦、外国人、皮膚病者等々救済の枠外にいる人々、これらの人々がイエスの周りに集まってきます。あるいはこのような人々をこそイエスは招きました。マタイ福音書によると、イエスは山上の説教の後、山から下りてまず重い皮膚病の人を癒し、次いで外国人（百人隊長）の僕の病を癒しました（八・一―一三）。救い主の到来を待ちかねたように、救済の枠外に置かれていた人々が、イエスのもとにやってきたわけです。重い皮膚病の人は、当時のユダヤ教において最高度に穢れていた人であり、救済から厳密に排除されていました。また外国人は律法外の人であり、救済という点では論外でした。こうした人々は神の名において排除されていますから、救済に関しては、どうしようもない。ユダヤ教という宗教制度が存続する以上、手の打ちようがない。

その彼らが待ちかねたように、山から下りたイエスのもとにやってきたわけです。そして癒された。つまりは救われた。人となりたる神は、まず当時の宗教制度において救済から疎外されている人々を相手にしたことになります。枠外にいた人々に境界を越えて相対した。彼らと食事をともにし、彼らに手を差し伸べました。

繰り返しになりますが、枠外の人々は神の名において、いわば合法的に排除されています。共同体の構成員は、彼らを排除することにいささかの良心の咎めも感じません。排除は宗教的に正しいことだからです。イエスが枠外の人に手を差し伸べる、枠外の人がイエスのもとにやってくる。枠はイエスを拘束しません。イエスは枠を取っ払ってしまった。枠の内外の区別をなくしてしまった。そしてそのことはとりもなおさず、旧来の宗教における枠外の人も含め、「すべての人」がイエスの視野に入っているというにほかなりません。枠の内・外といったことは関係ない。キリストは「すべての人」のためにこの世に来た。これが福音書の伝えるメッセージだと思います。

### 「見つけられる」という経験

同じことを逆の側からもいうことができます。キリストの到来とは、それを迎える人間の側からいえば、キリストに「見つけられる」経験です。福音書には数多くの「見つけられる」経験が記されています。見失われた羊の話、放蕩息子の話（以上ルカ一五章）などがその代表でしょうし、長血の女も「自分の内から力が出て行った」ことに気づいたイエスに見つけられましたし（マコ五章）、いちじく桑の木に上った徴税人ザアカイも見つけられました（ルカ一九章）。これらに限りません。目を凝らしてみれば、実に多くの「見つけられる」経験が福音書に描かれています。

これまで放置されていた者、神に見られることを求めながらも、苦難の大きさのゆえにあるいは宗教制度上の理由から、それを半ばあきらめていた者、そしてまさにそうであるがゆえに神に見つけられることを強烈に願っていた者、それらの人が「すべての人」のために来たイエスの視野に入って来るわけです。こういう人々はキリストの到来を直感し、何とかイエスに近づこうとします。ザアカイは木に登り、長血の女はイエスの衣のすそにさわろうとしたのでした。人生の辛酸をなめた放蕩息子もまた恥も外聞も捨て、必死の思いで父親のところに戻ります。こうした願い、行動に呼応するかたちで、イエスは彼らを見つけます。彼らは「見つけられる」わけです。

長年「見つけられる」ことを願ってやまなかった人にとって、実際に「見つけられる」ことは爆発的な喜び以外の何ものでもありません。旧約の詩人は同種の経験を「あなたはわたしの嘆きを踊りに変え／粗布を脱がせ、喜びを帯としてくださいました」（詩三〇・一二）と歌いました。踊り出したくなる喜びということです。

イエスと同時代に生きた人たちにとっては、「見つけられる」とはすなわち、物理的に見つけられるということですが、二千年の時を経た私たちにとっては、この「見つけられる」は多様な経験となりえます。自分がほんとうに悲惨な境遇にあるにもかかわらず、主なる神が隣にいてくれるという確信を与えられる。そういうかたちで「見つけられる」ということもあるでしょう。姦通の女を取り囲んだ人々がそうであったように、自分には愛がないことをとことん知らされるかたちで「見つけられる」こともあると思います。

いろいろなルートがあると思いますが、肝心なことは、「見つけられる」ということは、どのようなルートからのものであれ、その人個人の経験にとどまらないという点です。その人が「見つけられる」、神の愛の対象となる。それで終わりではないということです。たしかにそれは一人一人に起きる出来事なのですが、同時にそれは、その人が神の秩序を構成する一員となる経験なのです。キリストは「すべての人」のためにこの世に到来したのでした。そのキリストに「見つけられる」ということは、すべての人とともにつくる秩序を経験するということでもあるということです。「見つけられる」という経験を通して、すべての人が自分と同じようにキリストの愛のもとにあることがわかる。

### 祝宴

「見つけられる」ことは爆発的な喜びを喚起しますが、その喜びは、すべての人と分かち合うべき喜びです。「見つけられる」ことが、神の秩序の経験でもある以上、それはごく当然のことです。キリストに見つけられながら、他人のことは知らないという態度はありえない。福音書の中にイエスを囲む祝宴の話がよく出てくるのは、この辺りの事情に関係していると思います。キリストの到来は「見つけられる」人にとって喜びにほかならないが、それは同時にみんなで分かち合う喜びでもある。だからこそ祝宴なのです。

「見つけられる」という経験が、そのますますべての人との祝宴につながるということは、繰り返し強調しておく必要があります。地上での祝宴、たとえば結婚式には、仲の良い人しか集いませんが、神の祝宴には自分にとって気に入らない隣人、どうしても仲良くなれない人間もまた連なります。それが「見つけられる」喜びの当然の帰結です。そのことが可能になるということがこの祝宴の独自な点です。

## 敵意がどうでもよくなる

さて問題は敵意の消失なのでした。キリストに「見つけられる」という経験は、その人の敵意にいかなる変化をもたらすだろうか。

「見つけられる」ということは、すべての人をメンバーとする祝宴に連なるという経験なのでした。そこにはふだんから憎らしいと思っている他人も含まれています。同じ祝宴の席についているその当の相手への敵意はどうなるでしょうか。祝宴の席の昂揚の中にいる人が、その相手をふだんと同じ敵意の対象とするでしょうか。祝宴をいったん中座し、相手を外へ連れ出し、敵対の言葉を吐こうとするでしょうか。それは考えにくい。相手に敵意を抱くということは、つまり心がこの祝宴を離れているということです。世間の中に行ってしまっているということです。祝祭的な喜びにあふれてこの祝宴に連なっている人なら、そういう事態は想像しにくい。

それよりもむしろ、この祝祭的な昂揚の中で、ふだん感じている敵意などどうでもよいと思うのではないか。そんなことはつまらぬことだと思うのではないか。この祝祭的な喜びの中にいると、敵意を抱くことつまり相手との小さな差異にこだわることは、おそろしくつまらぬことに思える。どんなことがあっても許せぬ、と思っていた人が、自らのそのこだわりを手放してしまう。「ま、いいか」と思ってしまう。そうした態度こそが、この祝宴の場にいる人にふさわしい反応なのではないか。祝祭の喜びが大きければ大きいほど、こうした敵意の放擲が容易に起こるのではないかと思います。敵意は当然ながら意識の緊張を伴います。祝祭の喜びはその逆です。そこにあるのはまったくの脱力です。喜びが圧倒的なものとなると、緊張によって自身を束ねることがばかばかしくなり、その結果敵意の放擲が起こってしまうわけです。

## はじめの問いに戻る

ここまでのところをまとめておきます。私たちは詩編五八編にある「なめくじのように溶けよ」から出発したのでした。旧約の世界の外にいる私たちにとって、「なめくじのように溶けよ」という身も蓋もない敵意は、受けとめにくいものと思えました。それを受けとめるにはどうしたらよいか。そこでまず、新約聖書にある「敵意が滅ぼされた」という言葉の意味するところを確かめようとしました。この言葉は、詩編の敵意・憎悪の対極にあるように思えたからです。その結果わかったこと。敵意の消失は、(1)キリストとの出会いにより、自分自身の現実（相手と同じ地平にいること）を知ることによって生じる場合もあれば（姦通の女を責めた人々の場合）、(2)キリストに「見つけられる」喜びが、敵意を凌駕することによって生じる場合もある。ここでの文脈では、いうまでもなく(2)がより重要です。

以上のことを頭に入れたうえで、はじめの問いに戻ろうと思います。「なめくじのように溶けよ」をどう読むか、どう受けとめるかが問題なのでした。

先ほども少しふれましたように、この詩編に表出されている敵意は、まぎれもなく私たちの現実です。私たちもまた、事と次第によっては、「敵の血で足を洗う」ところまで行ってしまうかもしれない人間です。このことをごまかしてはいけない。私たち一人一人は、このような現実に閉じ込められています。そこから脱しうるのは、キリストによって「見つけられる」ときだけです。そのときに私たちは祝宴の席に連なることになります。閉じた現実の外に出、すべての人と乾杯を交わすのです。

「見つけられる」のは、私たちが清廉潔白だからでも、頭脳優秀だからでもありません。そんなことではなく、私たちが自分では脱することのできぬ苦境にいるからです。苦境にいながら、そこに神の力が働くのを心の底から願っているからです。そのようなところにこそキリストは働きます。私たちは「見つけられる」のです。

「なめくじのように溶けよ」はたしかに読みづらい。しかし自分自身がこの敵意の現実に閉じ込められていることを徹底的に知ることは、「見つけられる」ことへの準備となります。この現実に頰かむりして、自分自身を美しい幻想でくるんでしまっては、「見つけられる」ことは永遠に遠のいたままです。ですから、たとえ読みづらいものであっても、否、読みづらいものであればよけいに、丁寧に読むべきなのだろうと思います。あからさまな敵意に身を焦がす。そしてそこから少しも抜けられない。そのような自分の現実を徹底的に知り、その自分を敵意を語る詩編の中に見出すこと、そのことが、キリストが生きて働くことを強く願う条件になります。現実を「徹底的に知ることは、『見つけられる』ことへの準備」と述べたのは、その意味です。

# おわりに

エフェソの信徒への手紙には、敵意が滅ぼされたという趣旨のことが書いてありました。これまで述べてきたことでおわかりのように、この言明はキリストが働いたときにその人の中で何が起こるかを語ったものです。祝宴のただなかにいる人は、「敵意が滅ぼされた」と心の底から思うのです。この言葉の真実性は疑いえません。「敵意が滅ぼされた」は、敵意は滅ぼされるべきとか、敵意は滅ぼされねばならないとかの規範を語った言葉ではありません。そうではなく、その人の中で起こる一個の事実についての言葉です。たとえ私たち一人一人の現実は、敵意にまみれていようとも、その地点にキリストが降りてきて働く。そのときにこのようなことが起こるのです。そのことを信じて歩みたく思います。

# すべての人に対してすべてのものになる

コリントの信徒への手紙Ⅰ九・一九―二三

わたしは、だれに対しても自由な者ですが、すべての人の奴隷になりました。できるだけ多くの人を得るためです。ユダヤ人に対しては、ユダヤ人のようになりました。ユダヤ人を得るためです。律法に支配されている人に対しては、わたし自身はそうではないのですが、律法に支配されている人のようになりました。律法に支配されている人を得るためです。また、わたしは神の律法を持っていないわけではなく、キリストの律法に従っているのですが、律法を持たない人に対しては、律法を持たない人のようになりました。律法を持たない人を得るためです。弱い人に対しては、弱い人のようになりました。弱い人を得るためです。すべての人に対してすべてのものになりました。何とかして何人かでも救うためです。福音のためなら、わたしはどんなことでもします。それは、わたしが福音にともにあずかる者となるためです（コリントの信徒への手紙Ⅰ九・一九―二三）。

## はじめに

今日は、パウロがコリントの信徒へ宛てて書いた手紙の中から一箇所取り上げてお話ししたいと思います。取り上げる箇所は、コリントの信徒への手紙Ⅰ九章一九―二三節です。その箇所の内容をひと言で要約すると、「すべての人に対してすべてのものになる」（二二節）ということになろうかと思います。ですので、この言葉を表題に掲げました。

パウロの手紙の一節を正しく理解しようと思えば、当然、その手紙が書かれた背景、名宛人（いまの場合、コリントの信徒たち）や名宛人が住む都市（コリント）の状況などを参照する必要がありますし、その箇所の意味を手紙全体に関係させながら考える必要も出てきます。その一節を書いたパウロの意図は何であったか、パウロはその言葉を通して何をコリントの人々に訴えようとしたのか。こういったことを正確に把握するには、このような手続きは不可欠です。ですが、今日はこうした方法を採らないでおこうと思います。

なぜかというと、問題意識が若干異なるからです。私が今日ここでお話ししたいと思っているのは、パウロの意図とか目的についての客観的な把握ではなく、ひと言でいうなら、パウロの言葉が私という個人に与えたインパクトについてです。パウロの言葉を介して私自身に吹き込まれたこと、と言ってもよいかもしれません。ともかくそうした個人的ないし主観的な経験をお話ししてみようと思うのです。パウロの語っていることの意味を客観的にあるいは正確に把握しようと思う場合は、テキストの置かれた歴史的文脈を探索したり、テキストの全体に目配りしたりといったことは、必要不可欠のプロセスですが、いま述べたことを主眼に置く場合には、それらのことにこだわらず、少し自由に語れるのではないかと思います。

個人的・主観的な経験についての話といっても、もちろんそれは単なるつぶやきや独り言ではありえません。つぶやきや独り言ならば、みなさんに聴いていただく意味はないからです。公の場でお話をさせていただく以上、私自身はその個人的な経験の中に普遍的な意味が含まれていると信じています。みなさんと共有できる、すなわち普遍的な内容であると信じているからこそ、この場に立っているわけです。

これからの話が本当にそのようなものになるかどうかはわかりませんが、ともかくいま述べたような心づもりで語らせていただこうと思います。

## 問題

最初に、コリントの信徒への手紙Ⅰ九章一九―二三節の何を問題にするかを述べておきたいと思います。

この箇所でパウロは、自らの来し方を顧み、「ユダヤ人に対しては、ユダヤ人のようになり」「律法に支配されている人に対しては、律法に支配されている人のようになり」「律法を持たない人には、律法を持たない人のようになり」「弱い人には弱い人のようになり」と語り、最後に「すべての人に対してすべてのものになりました」と語っています。そしてこうした態度をとった理由、目的についてもふれ、ユダヤ人に対してユダヤ人のようになったのは、「ユダヤ人を得るため」、律法に支配されている人に対して律法に支配されている人のようになったのは、「律法に支配されている人を得るため」などと語っています。

彼は眼前のあらゆる人に対して福音を宣べ伝えたいと思っている。目の前の人が福音を知らないままでいることが、気になって仕方がない。放っておけない。パウロの場合、自分自身が福音にふれるということと、その福音を他者に伝えるということは、ほとんどセットになっているといってもよいくらいです。他者に対するこの熱心さの起源は何だろうか。なぜ自分が福音を信じることだけで終わらないのか。そのことが気になります。

自分がキリストに出会って救われた、それで終わり、とはならないわけです。なぜかその後に他者が出てくる。他者への強烈な関心が出てくる。パウロにおいては他者への関心の具体的内容は宣教（福音を伝えること）ですが、話を他者への関心一般に広げることが可能です。イエス・キリストの神に出会うと、どうしても他者のことが放っておけない、気になって仕方がないということになってしまう。神との出会いは他者への深い関与を生み出す。パウロのみならず、キリスト者の信仰一般にこのことがあてはまりそうです。だがなぜそうなのか。なぜ神との出会いは他者への深い関与を生み出すのか。今日はこの問題を考えてみたいと思います。他者への関心・関与一般についてお話しした後、最後にまたパウロのテキストに戻ってきたいと思います。

## パウロの昂揚感

本論に進む前に、パウロの言葉に即して彼の他者への関心の強さを確認しておきたいと思います。

いうまでもないことですが、放っておけないとか、気になって仕方がないとかの言葉がストレートに書かれているわけではありません。彼の書き方はあくまでもクールです。先ほどもふれましたが、ユダヤ人のようになるのは、ユダヤ人を得るためでした。相手と同じようになるのは、相手を獲得するための手段にほかならない。目的（信者獲得）を実現するための有効な手段として「相手のようになる」ことを選んだ。そのように語っているわけです。パウロの言葉はたしかにそのとおりなのですが、冷静に目的‐手段系列の判断をしたというわりには、それを語る言葉そのものは奇妙に熱を帯びている気がします。勢いがあるといってもよい。気持が昂揚し、次から次へと言葉が出てくる。

パウロの手紙を読んでいると、たびたびこうした箇所に出くわします。パウロが言葉を選ぶというよりは、言葉が勝手にあふれ出て来てしまう。そんな感じがする箇所です。一つだけ例を挙げます。「わたしは確信しています。死も、命も、天使も、支配するものも、現在のものも、未来のものも、力あるものも、高い所にいるものも、低い所にいるものも、他のどんな被造物も、わたしたちの主キリスト・イエスによって示された神の愛から、わたしたちを引き離すことはできない」（ロマ八・三八―三九）。ここで「死も、命も」から始まるさまざまな名詞の列挙が、十分な吟味や冷静な判断の上になされたとは到底思えません。そうではなく、言葉が言葉をよび、あふれ出るようにして言葉が繰り出されています。キリストと彼との深いつながりは、このような、熟慮を経ない言葉の選択によって余すところなく表出されているわけです。このような箇所はパウロの手紙の中に何か所もあるように思います。

## 中心は何か

いまここで注目している箇所もそんな感じのするところです。言葉があふれ出てくるのは、パウロが自身の琴線にふれるような事柄について語っているからだろうと思います。

「琴線にふれる」とは、要するに、中心にふれるということです。パウロの信仰にとって肝心かなめのところ、ど真ん中のところに話が及ぶと、パウロの筆は勢いを増す。次から次へと言葉が出てくる。こういう箇所では、パウロの言説の表面上の意味より、言説の勢いや彼自身の昂揚感の方に目をとめる方がよいと思います。

いまの場合、中心的な点、「肝心かなめのところ」とは、パウロがさまざまな人たちに福音を伝えたという事実だろうと思います。彼は多様なカテゴリーの人々に実に多様な仕方で福音を伝えた。思いどおりに事が進まないことも多々あったと思います。しかし同時に、自らの思いをはるかに超えて、「ありえない」と思えるほどの僥倖もあったにちがいない。そのありえなさに思いが至ると感嘆を禁じえない。と同時に神への感謝が湧き起こる。そして言葉があふれ出す。そのあふれ出る言葉が、ありえなさへの思いと感謝をさらに強める。こういう構造になっていると思います。

## 相手と同じになる

パウロの関心の中心は、このように福音を伝えることですが、注目すべきは、その際「相手と同じになること」がしきりに強調される点です。福音を伝えるとは、実は伝えようと思う相手と同じ位置に立つことにほかならない。二人がその同じ場所から福音をともに喜び合う。それが福音を伝えるということだ。そのように考えているかのようです。そして「相手と同じになる」ことが実現するためには、自身の誇りを捨てることも厭わない。パウロはご承知のように、「律法からの自由」を繰り返し強調した人です。律法は人を救いに導かない。この信念は彼の人生全体を支えているといってもよい。そのパウロが「律法に支配されている人」と同じようになったと述べている。いったん自らの信念（「律法からの自由」）を棚上げにして、その人と同じように、何の躊躇もなく自ら進んで律法に縛られたわけです。自らの信念などこの際どうでもよい。この目の前の人と福音が共有できるなら、自分自身の信念などどうでもよい。そう言っているように見えます。「ユダヤ人」「律法を持たない人」「弱い人」についても同様です。ともかく回顧するパウロは、ここで、たくさんの人の顔を思い浮かべながら、自らの拠って立つところ、自らの誇りを放棄して、彼らと同じようになった経験、「すべての人に対してすべてのものに」なった経験を想起しているのだと思います。

ふつうに考えれば、自らの拠り所、誇りを手放すことは、それほど簡単なことではありません。私たちはみな、その拠り所を糧にして何とか自らを保って生きているからです。ですがパウロはそれをいとも簡単に捨てる。すべての人と福音の喜びを分かち合いたい。この思いが自分へのこだわり、自分の誇りへのこだわりを凌駕しているからです。

## 互いに愛し合いなさい

パウロの他者への強烈な関心を確認しましたので、はじめの問いに戻ります。なぜ神との出会いは他者への深い関与を生み出すのか。

この問いに直接関係する聖書の箇所としてすぐ思いつくのは、ヨハネによる福音書に記されているイエスの言葉です。「あなたがたに新しい掟を与える。互いに愛し合いなさい。わたしがあなたがたを愛したように、あなたがたも互いに愛し合いなさい」(一三・三四。同内容の言葉が一五・一二にもあります)。これは掟の提示という形式をとっていますが、実質的には、事実に関する言明といってよいと思います。掟だから愛するというのは、愛の名に値しませんし、そもそも愛せよといわれて愛があふれるなどということは、どう考えても無理な話だからです。

「事実に関する言明」などと小難しい言い方をしていますが、要するに次のように考えるということです。わたしはあなたがたを愛した、それはあなたがた自身がよく知っていることだ。そのことを深く経験した人は、おのずと他者に目が向く。自分が愛されたと同じように、他者を愛そうという気持が出てくる。そしてそれはわたしに出会った他者の方でも同じだ。だから互いに愛し合おうという気持になる。イエスの言葉を事実に関する言明ととるというのは、このような意味です。このストーリーは私たちの実感をよく表現していると思います。イエスは、事実として生じうるこの出来事（「互いに愛し合う」）を遠くに見ながら、この掟を与えている、といったらよいでしょうか。

掟（「互いに愛し合いなさい」）の背景に事実としての出来事（「互いに愛し合う」）があるとして、この出来事の根拠は、キリストに愛されることなのでした。神に愛されたがゆえに互いに愛し合う。問題はその理由です。神に愛されると、なぜ他者を愛する気持がその人の中に生まれるのか。この問いは、もちろん先ほど来ここで掲げている問い（「なぜ神との出会いは他者への深い関与を生み出すのか」）と同じです。ヨハネ福音書を参照したところ、パウロのテキストから生じたのと同じ疑問が出てきたというわけです。

## 善いサマリア人

イエスとの出会いによって愛のふるまいに押し出される。神との関係が人との関係を生み出していく。その理由をあれこれ考えていると、新約聖書の中にあるたとえ話にこのことに直接に関係するものがあることに気づきます。ルカによる福音書一〇章にある、これもとても有名な、「善いサマリア人」の話（三〇―三七節）です。そこには、神に愛されることと人を愛することの組み合わせがよく表現されているように思います。ですから、このたとえ話の構造が把握できれば、イエスとの出会いの構造も把握できるのではないか。そのように期待して接近してみたいと思います。

たとえ話は大略次のようなものです。ある人が追いはぎに襲われ、半殺しの目に遭った。通りかかった祭司らは、倒れているその人を横目で見て知らぬふりをした。他方同じく通りかかったサマリア人（異邦人）はこれ以上ないほど手厚く介抱した。この話は以前にも取り上げたことがありますので（「律法の専門家は何を聴いたか」『社会学者、聖書を読む』教文館、二〇〇九年、三五―五六頁）、まずそこで述べたことを振り返っておきます。

この話は一見すると、「困っている人を見たら、その人がだれであれ、助けてあげなさい。このサマリア人のように」という道徳的な主張をしているように見えます。福音書に記されているイエスは、社会的な障壁を超えて、当時罪人とされていた人々を食事に招きました。ですからイエスに倣おうと心に決めた人にとっては、このたとえ話の意味はこれ以外にはありえません。この人は、自分はサマリア人のように親切な人になっているだろうか、困っている人を見て祭司たちのように通り過ぎているのではないだろうか、と反省するでしょうし、困っている人の良き隣人にならねばと思うことでしょう。この反省や自戒は疑いもなく正しいことですが、たとえ話の含意をこれだけにしてしまうのは、やや勿体ない気がします。イエス＝利他的なふるまいをする人、という理解だけでは、イエスの固有性（イエスにしかないこと）は十分表現されない。人を助けることを厭わない利他心に富んだ人は、イエス以外にもたくさんいるからです。

### イエスに見出される

いま述べたような理解をする人は、自分をサマリア人に見立てようとしているわけですが、この話のほんとうの焦点は、そこにはないのではないか。私にはそのように思えました。話の中心は、半殺しの目に遭った人の方なのではないか。この人をこそ自分に見立てるべきではないか。理不尽な暴力の被害者であるこの人は、何の理由もなくただ単に「憐れに思」って、社会的・宗教的障壁を超えてやってきたサマリア人に助けられ、手厚く介抱された。サマリア人に見つけられ、助けられたこの人の姿は、イエスに見出され、助けられた私たち自身の姿に重なる。私たちもまた、何の理由もなく神に見出され、手を差し伸べられ、助けられたのですから。つまりこのたとえ話は、困っている人を助ける親切な人の話ではなく、理由なく神に見つけ出された人の話ということになります。あるいは同じことを神の側からいえば、人を見出し助ける無根拠な神の愛の話です。何の根拠もなく人を救出する神ということになれば、このたとえ話は、イエスの固有性を十分に表現した話ということになります。

サマリア人の話は、このように、神‐人関係の話として読むことができる。これが以前私が提示した、このたとえ話の受けとめ方です（前掲「律法の専門家は何を聴いたか」）。

## サマリア人、再び

この理解については、いまでも「そのとおり」と思っていますが、その一方で、このたとえ話を神‐人関係の話としてではなく、人‐人関係の話として読むとどうなるかが、やはり気になります。何といっても、サマリア人は人間として描かれているからです。

再び、サマリア人を神ではなく、人として考えてみることにしましょう。すると、すぐさま、この人はなぜ半殺しにされた人を見て助けようと思ったかが問題になります。「憐れに思」って、とルカのテキストにはその理由が記されていますが、これはここで求めている答えではありません。障壁の向こうにいる相手を「憐れに思う」というような、起こりそうもないことがなぜ起こったかが問題だからです。サマリア人たちは、古代イスラエルの人々から社会的・宗教的に差別されていたようです。たとえ話中のサマリア人はこの障壁を超えて憐れに思ったわけです。さてその「憐れに思う」はなぜ起こったか。このサマリア人が道徳心に富んだ、とびきり親切な人だったからでしょうか。このように解してしまうと、また出発点に戻ってしまいます。なので、この理解に拠ることはできない。

先ほど述べましたように、私の理解では、このたとえ話は第一義的には、神の無根拠な愛によって救出された人の話なのでした。いま注目しているサマリア人というのは、実はこの出来事に深く関係する人なのではないか。サマリア人とはどんな人かを考えていると、突然そんなことを思いつきます。つまりこのサマリア人は、実は過去にこの救出の経験をもつ人なのではないか。当事者だったのではないか。この人はひどい苦境にいるときにイエスに出会い、何の理由もなく救出された。そしてイエス・キリストのこの愛を根拠に自らの人生を生きてきた人だ。そのような人だから、目の前に半殺しにされた人がいるのを見て、どうしても心が動いてしまう。深く憐れんでしまう。サマリア人の行動の不思議さを考えると、この理解にはそれなりの説得力があるように思われます。

## たとえ話の二重の意味

つまり、私の理解では、善いサマリア人のたとえ話の意味は二重になっている。このたとえ話はまず第一に、神と人の関係を描いています。先ほどから繰り返し述べているように、人が神によって救出されるという話です。と同時に、いま述べたことに従えば、このたとえ話は第二に、人と人の関係を語っています。神に救出された人が、今度は自分の眼前の、苦境にいる人を助ける話ということになります。第一の話によって、神の無根拠な愛が強調され、第二の話によってその愛を経験した人間の、社会的障壁を一顧だにしない愛のふるまいが描かれます。

神と人の新たな関係が、人と人の新しい関係を生み出していく。善いサマリア人のたとえ話は、意味の二重性によって、このダイナミックな物語を描き出しているように思います。

ここで詳しくふれている余裕はありませんが、こうした見方に立つと、よく知られた「放蕩息子」の話（ルカ一五・一一―三二）もまた同様のことを語っているたとえ話に見えてきます。帰還した放蕩息子を抱擁し、歓待する父親は、明らかに赦す神を示しています。あらゆる罪にもかかわらず人を赦す神です。と同時に、この父親は現実の人間でもあるわけです。サマリア人の場合と同じです。現実の人間としての父は、赦す神を自分のこととして経験した人にちがいない。自分自身が法外な赦しを経験した人であるにちがいない。そうであるからこそ、生身の人間としての放蕩息子を赦すという事件が起きるのです。

この事件を支えているのは、父親自身の赦しの経験以外にはないように思います。神の一方的な愛によって赦された。この法外な経験が、父親の法外なふるまいを生んでいく。法外な出来事（放蕩息子を抱擁し、歓待する）の根拠は法外な出来事（父親自身が神に赦される）なのです。父親のこのふるまいは、人の世の理屈に従えば、「ありえない」あるいは「あってはならない」ものです。だからこそ放蕩息子の兄は、それを見て嫉妬したのです（二八―三〇節）。兄は人の世の理屈で生きていますから、それはいわば当然の反応です。

### 他者の中に自分を見出す

善いサマリア人の話や放蕩息子の話についてのいま述べた理解に従えば、これらのたとえ話が語っているのは、他者に対する愛のふるまいの根底に、神に出会うこと、神に救い出されるという事態があるということです。神に救い出されることが、他者への愛のふるまいを支える。たとえ話をそのように理解した上で、話を先に進めたいと思います。

先に進むにあたって、ここまでの話が今日の話全体の中でもつ意味について一応さらっておきます。最初に立てたのは、「なぜ神との出会いは他者への深い関与を生み出すのか」という問いでした。ヨハネ福音書やたとえ話を読むことを通して、神との出会いが他者への関与を生み出すということが、聖書全体にとって重要なテーマとなっていることが、わかってきたように思います。次にすべきことは、「なぜ」を考えてみることです。なぜ神との出会いが他者への深い関与を生むのか。前段の言い方を使えば、なぜ神に救い出されることが、他者への愛のふるまいを支えるのか。幸い、善いサマリア人のたとえ話がこのテーマをめぐる話であることがわかりましたので、この話を素材にしてトライしてみようと思います。

愛のふるまいの前に、目の前の他者の苦境を見て心が動く（「憐れに思う」）ということが起こります。サマリア人のときもそうでした。なぜ心が動くのかというと、それは目の前の他者が自分に見えているからではないかと思います。自分もかつてそのような経験をしたからです。半殺しの目に遭った人は、かつて苦境にいてどこからも救いの手が差し伸べられなかった自分そのものではないか。サマリア人にはそのように思えてくるわけです。苦境にいたかつての自分は（ここでの理解に従えば）神の愛にふれ、救出された。目の前の他者を見ていると、その自分の姿がこれ以上ないほどリアルに迫ってくる。眼前の他者はあのときの自分だ。そう感じられたとき、放っておけなくなります。この人は救出されたときのあの安堵感をだれよりもよく知っているからです。愛のふるまいはこのような場所から生まれてきます。

## 社会的・宗教的障壁を超える

苦境にいる他者の中に自分を見出す。ここがポイントです。だがサマリア人にとって眼前の他者（半殺しにされたイスラエル人）は、社会的・宗教的障壁の向こう側の人物ではなかったか。障壁があるということは、個人に即していえば、障壁の向こう側に関して感受性が作動しないということにほかなりません。そこにどんな苦境があろうが俺には関係ない。そう思っていっこうに構わないということです。実際苦境のただなかにいる異邦人を見ても、だれも心を動かしたりはしない。そういう世界にサマリア人は生きている。なのに、いまの場合、なぜその相手が自分のように見えてくるのか。当然こうした疑問が浮かんできます。

それは結局のところ、サマリア人と神の関係そのものが障壁を超えたものだったからではないか。ここでの理解に従えば、サマリア人はキリストの愛にふれた。イエス・キリストは社会的・宗教的障壁を超えて、自分を見出してくれたわけです。ありえないことが起こった。その「ありえなさ」の自覚がこの人の人格の中心をつくっている。キリストに出会ったこの人は、その時点でキリスト同様、社会の外に出ている。社会的・宗教的障壁はもはやこの人を縛らない。このようにして、障壁を超えることの「ありえなさ」を深く経験している人において、障壁を超える愛があふれる。

## パウロに戻る

これまでの話で、はじめに設定した問いへの一般的な答えについては、ある程度めどがついたように思いますので、パウロに戻りたいと思います。

冒頭に掲げたテキストをもとにパウロの「他者への関与」を考えます。パウロの眼前にはどのような人たちがいたか。サマリア人の話に出てきた半殺しにされた人とか、苦境に喘いでいる人もいたかもしれませんが、ここまでの話には出てこなかった類の人たちもいました。パウロおよびイエス・キリストの福音に敵対的な人がそれです。パウロが手紙の中で「ユダヤ人」「律法に支配されている人」「律法を持たない人」などとよんでいる人々は、ほぼこの種の人々であったといってよいと思います。それぞれの理由から福音に敵対しているわけです。

先に確認しましたように、パウロはこの種の人々に対して強烈な関心を抱いています。彼らが福音に出会うためには、「どんなことでもします」と言っていますし、自分の誇りを手放すことなど何ら問題ないと思っている様子です。なぜこれほどまでに強い関心を抱くのか。もちろん福音と出会うことのすばらしさをパウロが確信しているからですが、それとともに、彼らが福音に敵対する人々であることが決定的に重要です。彼らが福音に敵対する人たちであるからこそ、放っておけない。なぜ福音に敵対的な人のことが、放っておけないのか。気になって仕方がないのか。

## 敵対する者の中に自分を見出す

それはひと言でいえば、パウロ自身がかつて福音にひどく敵対的であったからです。「家から家へと押し入って教会を荒らし、男女を問わず引き出して牢に送」り（使八・三）、「主の弟子たちを脅迫し、殺そうと意気込んで」いた（同九・一）のがパウロだったのです。だから福音に敵対的な人に接すると、どうしても彼らがかつての自分のように見えてくる。彼らは敵対的で、尊大で、冷笑的だが、それはかつての自分にほかならない。かつての自分は、神の目にこのように映っていたにちがいない。彼らを見るたびに、そのことがリアルな実感として迫ってきます。いまはえらそうに福音を伝えるなどと言っているが、もとを糺《ただ》せば、こんなものだ。とうてい他人事とはいえない。そしてさらに思い返せば、そんな敵対的で尊大な自分が、罪に問われることなく赦され、救出されたではないか。パウロは当事者ゆえ、手に負えなかった自分が糾弾されることなく赦されたことの安堵、喜び、感謝を、身をもって知っている。だから敵対する他者を見ると、放っておけない気になるのです。その人と同じようになって、その人と一緒に福音を喜びたい。

パウロが他者に対して強烈な関心を抱くのは、以上のような理由からです。いま述べたことでおわかりのように、パウロが抱く他者への関心の根拠も、サマリア人同様、眼前の他者のうちに自分を見出すというところにありました。サマリア人とパウロはそれぞれ、自分と神の関係を反復するかたちで他者に出会います。サマリア人が出会ったのは、苦境にいる人を救出する神でした。他方パウロを救ったのは、神に敵対してやまない者を赦す神です。そしてサマリア人もパウロも、その経験に見合う仕方で他者に出会い、他者の中に自分を見出すのです。「すべての人に対してすべてのものになりました」と語ったパウロは、おそらくすべての人の中に自分を見出したのだと思います。以上で終わります。

# あとがき

この本の特徴については、すでに「まえがき」で述べました。社会学者は人間や社会について「なぜ」という問いを立てるのに通じている。その姿勢で聖書を読んでみると、聖書についての専門家がとらえるのとはひと味ちがった考察が得られる。これは意外と意味のあることではないか。「まえがき」では大略こんなことを書きました。社会学者の方法がもたらすユニークな成果、これが本書の特徴というわけです。

ただそこではこの「ひと味ちがった考察」、「ユニークな成果」の中身がどのようなものであるかについては、はっきりとは書いていません。事例を挙げて解説はしましたが、十分な説明とはなっていません。社会学者の「なぜ」は、読者をどのような場所に連れて行き、どのような風景を見せてくれるのか。本書を手に取ってくださる方にとっては、このことはとても気になるところだと思います。以下ごく簡単にそれを説明しておこうと思います。

その話に入る前に一つだけお断りをしておきます。前段では〈社会学者の「なぜ」〉という一般的な言い方をしていますが、ここでいう社会学者は具体的には私のことですので、この「なぜ」には私自身の関心が反映されます。私は意思決定以前のプロセスに着目した行為の一般理論（体験選択という概念を中心とする行為論）を構想してきた社会学者です。ここでいう〈社会学者の「なぜ」〉は、こうした関心を抱く社会学者の「なぜ」であり、社会学者一般にとっての「なぜ」とは言い難いところがあります。そのことを最初にお断りしておきたいと思います。

さてこの本に含まれる一二篇はいずれも、その時々に聖書のテキストに触発されたことを自分なりの仕方でまとめたものです。聖書を読んでいて、少々違和感を覚える箇所に出会う。その違和感の由来についてあれこれ考えているうちに、探究すべき問いがはっきりしてくる。問いが確定したら、自らの経験・知識その他を総動員してその問いを解くことに集中する。本書の各篇はすべてこういう方式で書かれてきました。考え始めるときには、それがどこに行き着くかについてはほとんど何の展望ももっていません。行き当たりばったりみたいなものです。そのようにして書かれた各篇の間につながりはなく、当然のことながら全体としての体系性もありません。

それでも一二篇を並べてみると、共通する特徴のようなものがいくつか浮かび上がってきます。それらのうち、ここでの文脈に即してぜひ指摘しておきたいことが一つあります。それはひと言でいえば、そのときその場で「起こること」への関心です。聖書のテキストを教えや教訓への関心からではなく、そこで起こる出来事への関心から読むということです。このことについては「まえがき」でもふれています。ここではそれを少し丁寧に語ってみようと思います。

例を参照しながら説明します。まずいま述べた「起こること」あるいは出来事の意味から。福音書には、イエスが「深く憐れんで」病を治癒したといった記事が散見されます。本書でも「深く憐れんで」重い皮膚病を癒したという箇所が、何回か参照されています。この場合の「深く憐れむ」が、ここでいう「起こること」、出来事にあたります。深く憐れむのは意図してなされたことではなく、単にそのような気持が湧き起こってきたということにすぎません。イエスからすれば「そうなってしまった」というかたちで身に起こった変化です。こうした変化のことをここでは出来事とよんでいます。意図や意思と無関係にその人に起こる変化、それがここでいう出来事です。

重い皮膚病は当時その地域で最高度の穢れとみなされていた病でしたが、福音書の記事によれば、イエスは穢れに対する理不尽な社会的・宗教的差別の無効化を狙って治癒を行ったわけではなく、重い皮膚病の人を見ているとき湧き起こってきた気持（深い憐れみ）

に動かされて病を癒した。「そうなってしまった」としかいいようのない変化が、その後に続くイエスのふるまい（治癒）を規定したわけです。イエスの身に起きたこの変化は、ほかでもないこの重い皮膚病の人がイエスにとって特別に大事な人であることを示しています。いやむしろ、この出来事が起こることによって、この人はイエスにとって特別な人となったといった方がよいかもしれません。出来事そのものが、この人は特別というイエスの決定なのです。

意図と無関係に起きたことが、決定の意味をもつ。これは大変興味深い事態です。繰り返し述べるように、ここでいう出来事は「そうなってしまった」変化のことです。当人の意図とは関係がありません。他方決定は意図とつながるのがふつうです。何か決めるときには人は考えます。考えた挙句、何らかの意図に基づいて決定するわけです。ふつうに考えるなら、決定とは意図的なものです。ところがここではこの常識に反して、意図と無関係なもの（すなわち出来事）が決定と結びついています。そしてどうやらこの意味での決定は、決定した（つまりはその出来事が生じた）当人にとってはかなり重いもののようです。全人格の重みがかかっているといってもよい。イエスの場合、「深く憐れむ」が生じることによって、穢れた者に関する禁忌をあっという間に超えてしまいました。これは意図と結びつく決定（ふつうの意味での決定）にはあまり縁のない事態です。

この本の特徴の話に戻ります。先ほど「起こること」や出来事への関心がこの本の特徴であると指摘しました。出来事についてのここまでの説明で、この指摘の意味については明らかになったことと思います。むろん本書ではイエスの身に起こる出来事だけを取り上げるわけではありません。聖書を読む側において生じることも視野に入ってきます。ともかく本書の各篇には、「そうなってしまった」というかたちの隠れた決定への関心がそこかしこに姿を現します。異邦の女や「罪人」に対するイエスの態度変更について語るときも（「小犬とパン屑」「罪人を招くために来た」）、あるいは「福音を伝える」ことを問題にするときも（「真珠を豚に投げてはならない」）、さらには窮状からの救出を反転として語るときも（「荒れ野への導き」など）、「涙を流す」ことを検討するときも（「ヨセフの涙」）、かつての約束を思い出す神に着目するときも（「思い起こす神」）、敵意の消失を話題にするときも（「なめくじのように溶けよ」）、軸になるのは、「そうなってしまった」としかいいようのない変化の話です。

出来事が本書の関心の中心であるとして、ではなぜそうなのか。なぜ出来事に特別の強調が置かれるのか。当然こうしたことが次の疑問として出てくると思います。答えはとても単純です。私自身が、信仰とか「信じる」ということの中心に、「そうなってしまった」という変化があると考えるからです。「そうなってしまった」という変化は意図や意思の手前にあることですが、この手前にあることが実は「信仰」の中心をなす。これが本書全体を支えているアイディアです。話をわかりやすくするために、一つ例を出します。有名な「善いサマリア人」の話（ルカ一〇・三〇―三七）です。このテキストに接する人の多くは、そこに、困っている人を助けるという善い意思を読みとるのではないかと思います。そしてその善い意思を規範として自らに課す。つまり自分もあのようにせねばならぬと思う。この読み方は至極まともですが、私としては善い意思そのものの起源が気になります。それはいったいどこから来たのか。善い意思と縁のない者はどうしたらよいのか。そうすると、そのサマリア人にかつて生じたはずの出来事（神との出会い）に目を向けざるをえなくなります。神との出会いという、その人からすれば出来事すなわち「そうなってしまった」変化としかいいようのないことが起き、それがその人に生きて働く力として機能し、善い意思そのものを支えているのではないか。このたとえ話をよく読むと、この出会いという出来事も描かれていることに気づかされます（詳しくは本書「すべての人に対してすべてのものになる」参照）。

信仰とか「信じる」といったことには、意図や意思のあずかり知らぬ次元が絡んでいる。その人の予想や思惑を超えて何かが起き、その起きたという事実が生きた力を生み出していく。善いサマリア人の話においてもその辺りの事情を垣間見ることができます。このように考えると、聖書のテキストをこの出来事の次元に着目して読むという作業は、なかなかに意味のある作業ということになります。

ところがキリスト教関係のさまざまな本を読んでも、この次元にふれた言葉に出遭うことは意外なほどに少ない。聖書というテキストから、教え、教訓、規範を取り出す営みはたくさんあるように思いますが、ここでいう出来事に着目して聖書を読むという営みはあまりなされていないように思います。という次第で本書にもそれなりの存在意義はあるのではないかと思っているわけです。

いま「出来事に着目して」と書きましたが、むろん、はじめから出来事のことばかり気にしてテキストを読むわけではありません。各篇のテーマについて考える際の方式は先に書いたとおりです。出来事を見つけてやろうと思って読むわけではないのです。私自身の関心に従って考えているうちに出来事の問題が浮かび上がる。出来事への着目は、その意味ではあくまで結果の話です。一二篇はそのようにして書かれてきました。

以上でこの本の特徴についての話は終わります。

この本に含まれる一二篇の初出について記しておきます。括弧内が初出の掲載誌です。今回もここに至るまでにたくさんの方のお世話になりましたので、そのことも併せて記しておきたいと思います。

「小犬とパン屑」（書き下ろし）
「罪人を招くために来た」（書き下ろし）
「真珠を豚に投げてはならない」（『関西合同聖書集会・会報』第一五六号、二〇一八年）
「狼の群れに小羊を送る」（『森の宮通信』第四五七号、二〇一一年）
「荒れ野への導き」（『山中湖だより・二〇一一年講演集』、二〇一二年）
「金持ちの男の困難」（『山中湖だより・二〇一二年講演集』、二〇一三年）
「ヨセフの涙」（『山中湖だより・二〇一三年講演集』、二〇一四年）
「右の手のすることを左の手に知らせてはならない」（『山中湖だより・二〇一四年講演集』、二〇一五年）
「思い起こす神」（『山中湖だより・二〇一五年講演集』、二〇一六年）
「非難された僕」（『山中湖だより・二〇一六年講演集』、二〇一七年）
「なめくじのように溶けよ」（『山中湖だより・二〇一七年講演集』、二〇一八年）
「すべての人に対してすべてのものになる」（『山中湖だより・二〇一八年講演集』、二〇一九年）

見られるとおり、一二篇中八篇が『山中湖だより』に掲載されたものです。同誌は発行年の前年に開催された山中湖夏期聖書講習会の講演記録集です。その講習会でお話しした内容をもとに原稿化いたしました。「狼の群れに小羊を送る」も掲載誌は異なりますが、同講習会でお話した内容です。つまり一二篇中九篇が山中湖夏期聖書講習会での話ということになります。講習会を主宰され、『山中湖だより』の編集の労を担って下さった本田圭さんに厚く御礼申し上げます。

「真珠を豚に投げてはならない」は内村鑑三記念キリスト教講演会（京阪神聖書研究会連合主催、二〇一八年三月）での講演をもとに書きました。講演会の世話役をされ、『関西合同聖書集会・会報』の編集をして下さった津崎哲雄さんに深く感謝申し上げます。

最初の二篇（「小犬とパン屑」「罪人を招くために来た」）は、毎年一二月に京都大学聖書研究会主催で行っているキリスト教講演会で語った内容をまとめたものです。「小犬とパン屑」は二〇一七年、「罪人を招くために来た」は二〇一八年に語りました。聖書研究会に参加して下さっているみなさん、講演会に来て下さった方々に御礼申し上げます。

私事で恐縮ですが、妻望に深甚なる謝意を表しておきたく思います。前作のときと同様、今回も彼女は右記一二篇の最初の読者であり、かつ最良の読者でもありました。彼女とは「大水が喉元に達しました」（詩六九・二）との告白そのままの状況をともに歩んできましたし、今でもそれは続いているわけですが、そのような経験の中から発せられる彼女のコメントは、私にとっては千金の値がありました。
最後になりましたが、面倒な編集実務をすべて引き受けて下さった教文館出版部石澤麻希子さんに厚く御礼申し上げます。

二〇一九年一二月

高橋由典

《著者略歴》
**高橋由典**（たかはし・よしのり）
1950年東京都に生まれる。京都大学文学部卒業、同大学院文学研究科博士課程単位修得退学。博士（文学）。京都大学大学院人間・環境学研究科教授を経て、現在、京都大学国際高等教育院特定教授。
**著書**『感情と行為——社会学的感情論の試み』新曜社、1996年、『社会学講義——感情論の視点』世界思想社、1999年、『行為論的思考——体験選択と社会学』ミネルヴァ書房、2007年、『社会学者、聖書を読む』教文館、2009年。

**続・社会学者、聖書を読む**

2020年2月20日　初版発行

著　者　高橋由典
発行者　渡部　満
発行所　株式会社　教文館
〒104-0061　東京都中央区銀座4-5-1　電話03(3561)5549　FAX 03(5250)5107
URL　http://www.kyobunkwan.co.jp/publishing/
印刷所　モリモト印刷株式会社

配給元　日キ販　〒162-0814　東京都新宿区新小川町9-1
電話03(3260)5670　FAX 03(3260)5637

ISBN978-4-7642-9988-7　Printed in Japan